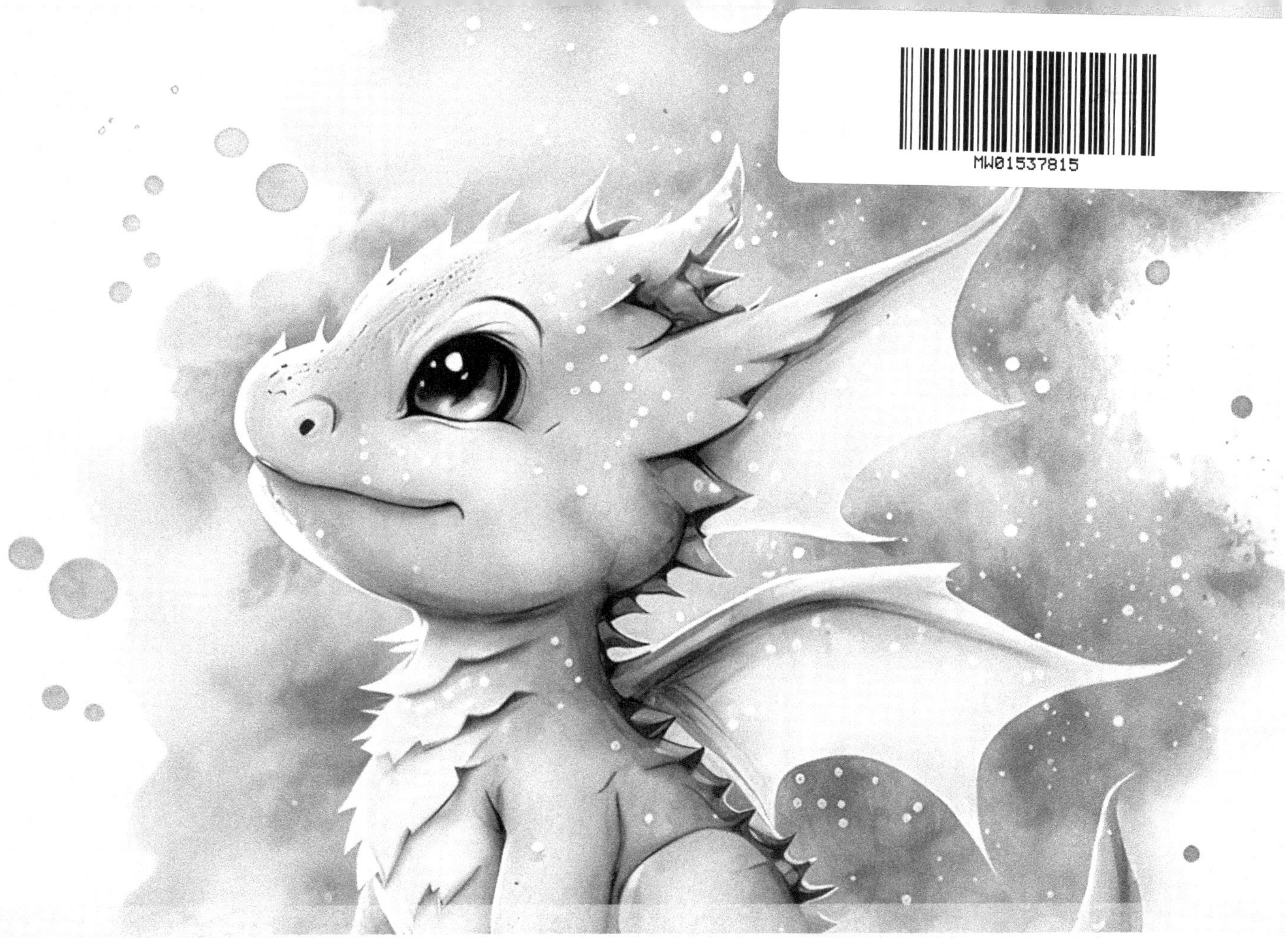

Draghi fantastici

LIBRO DA COLORARE PER GLI AMANTI DEI DRAGHI

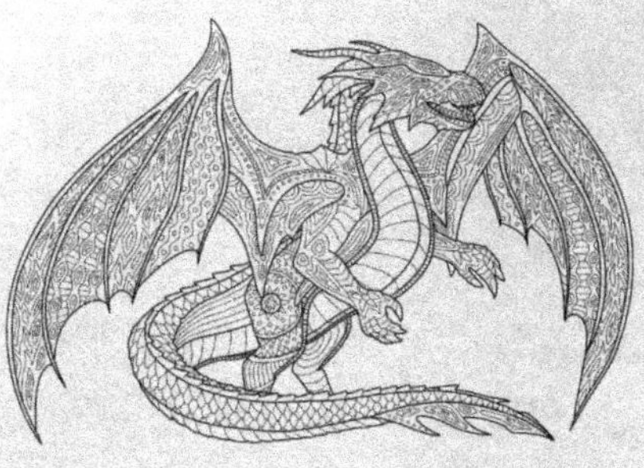

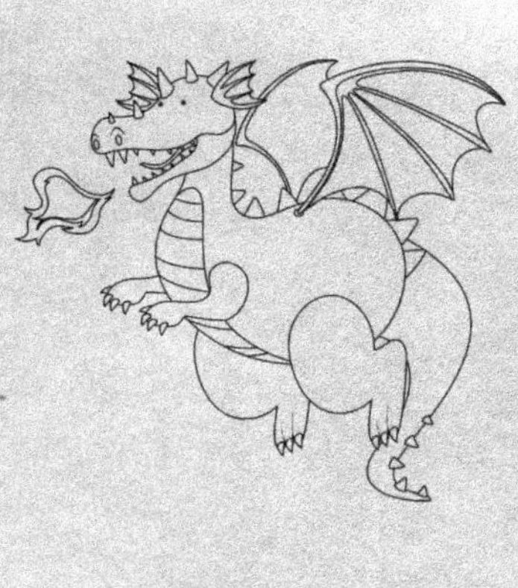

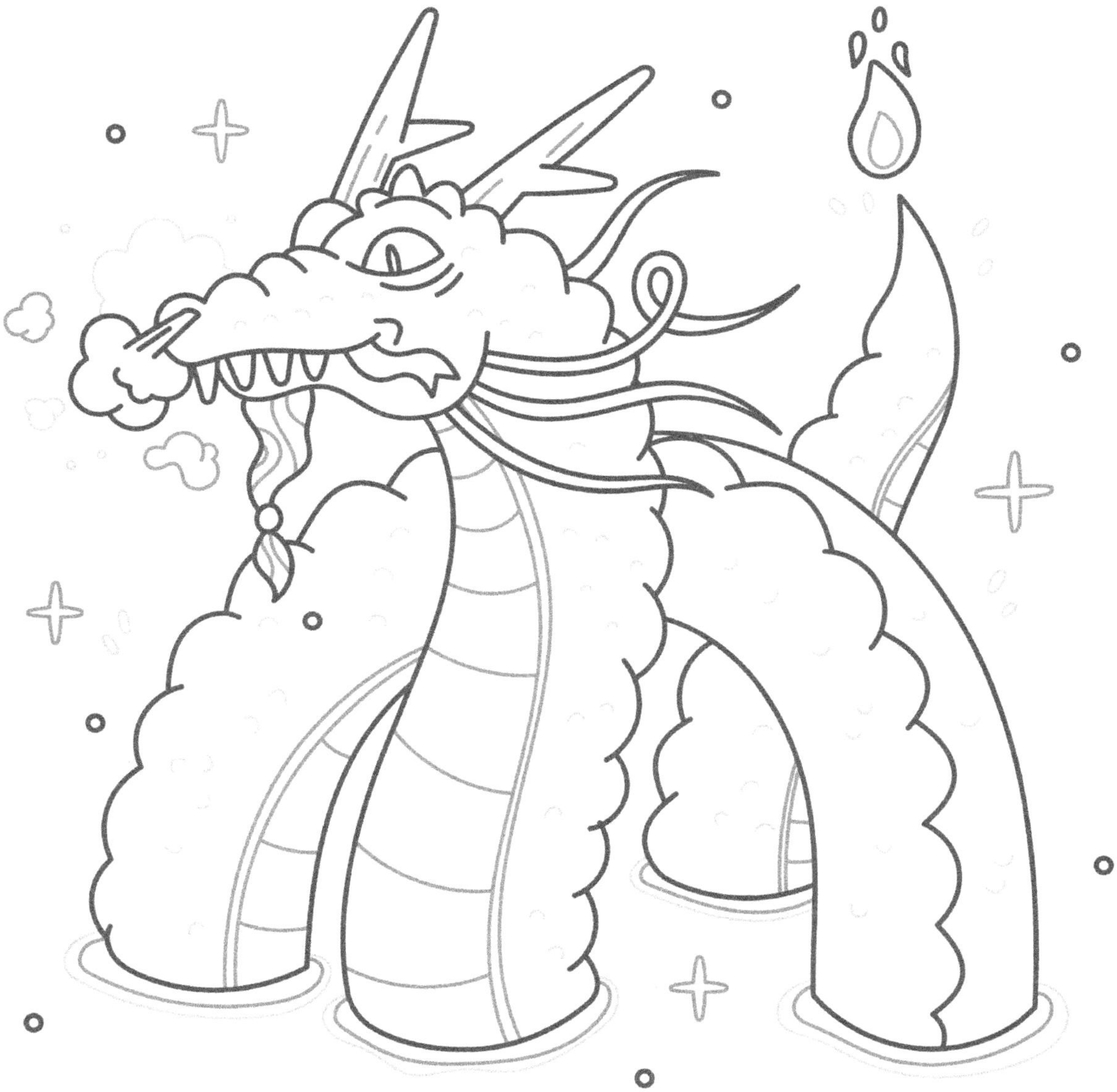

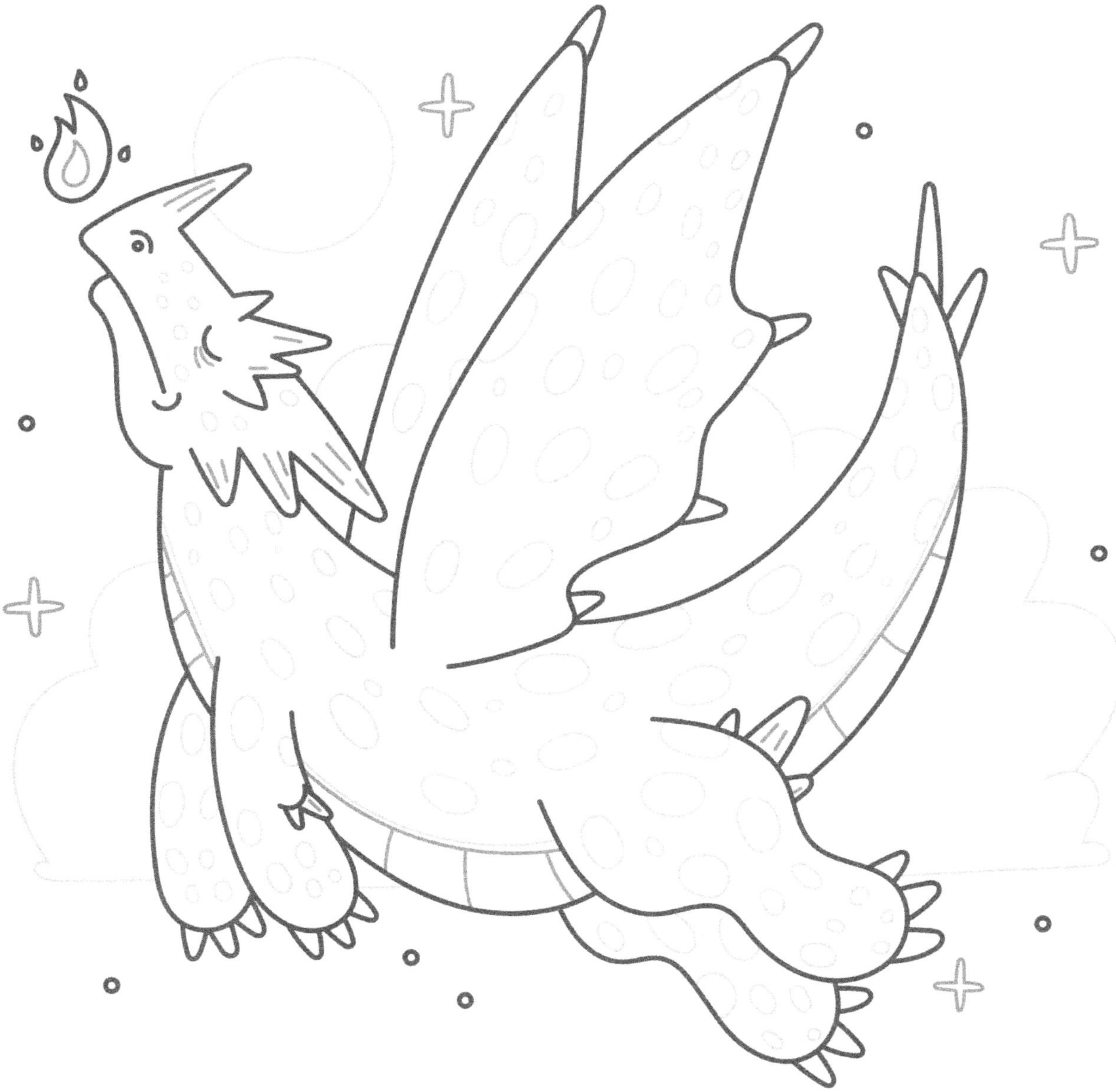

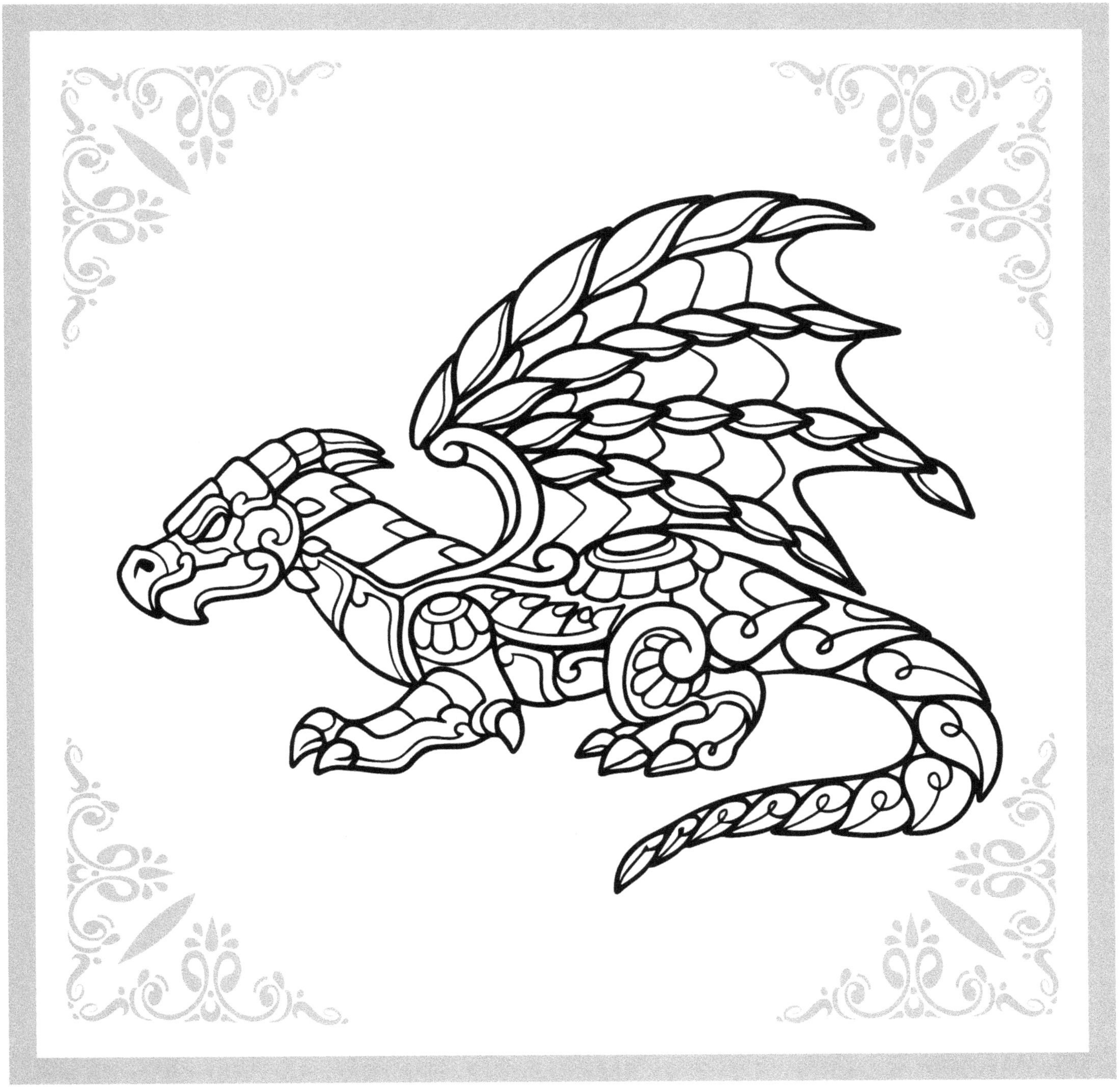

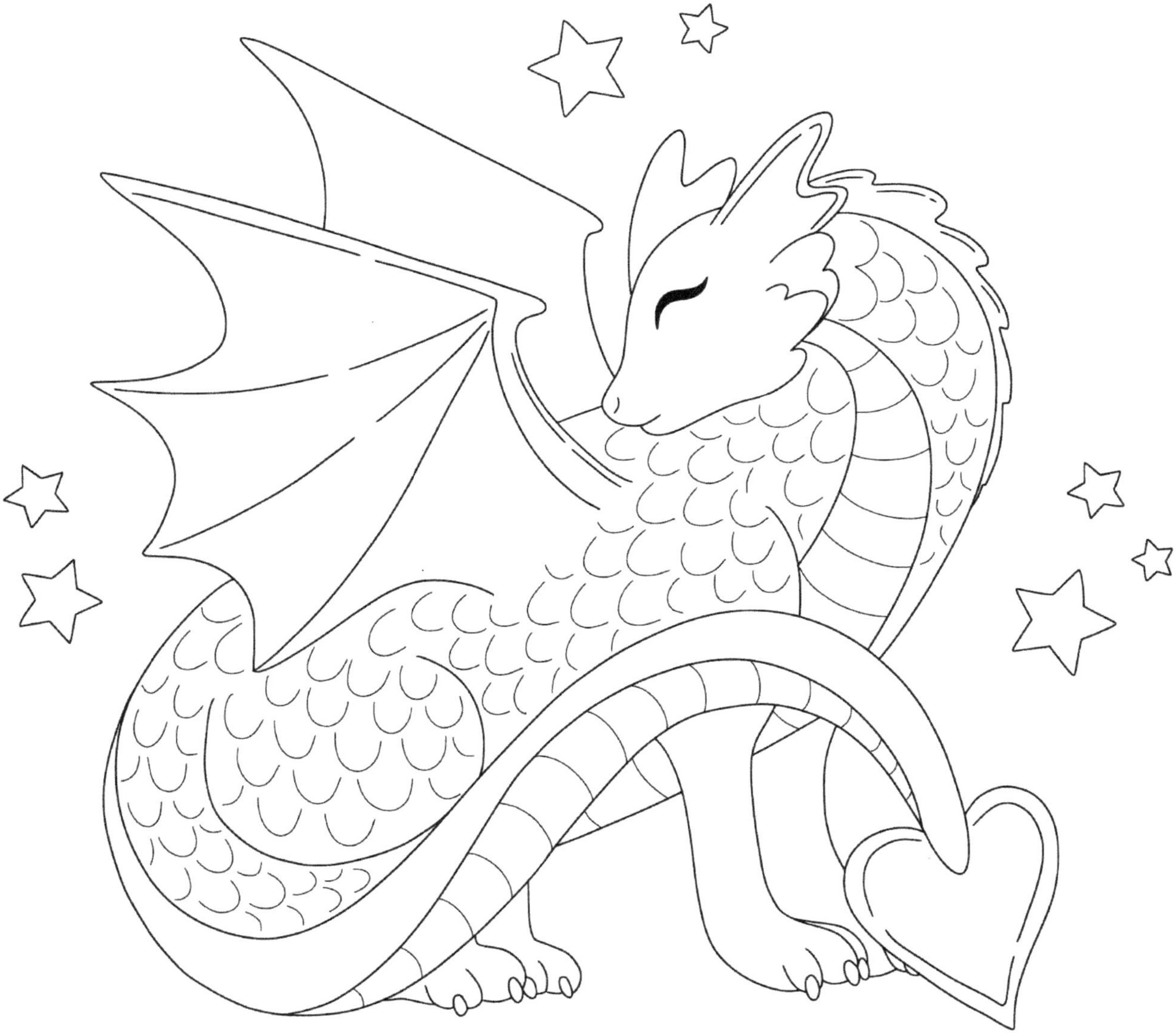

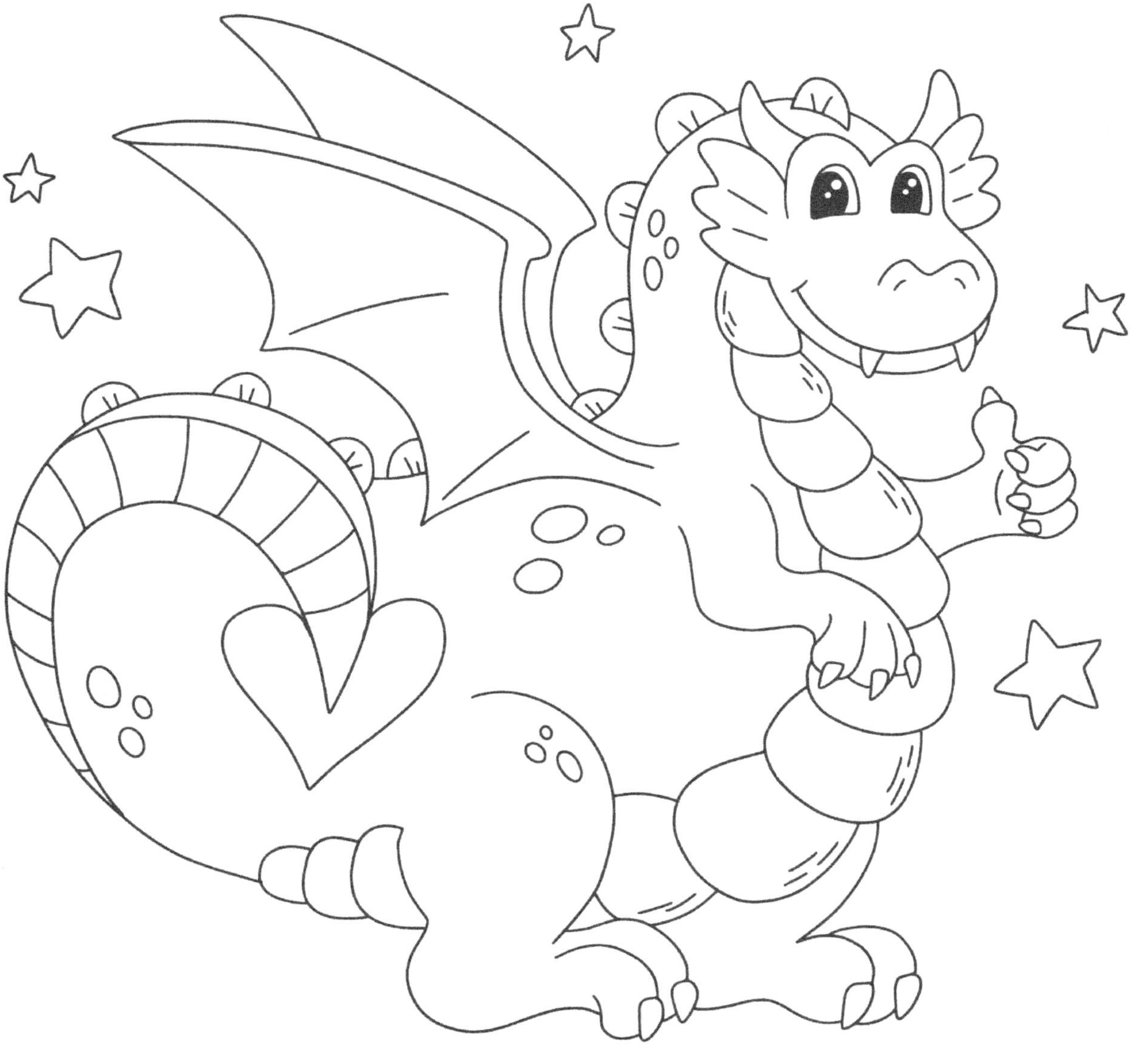

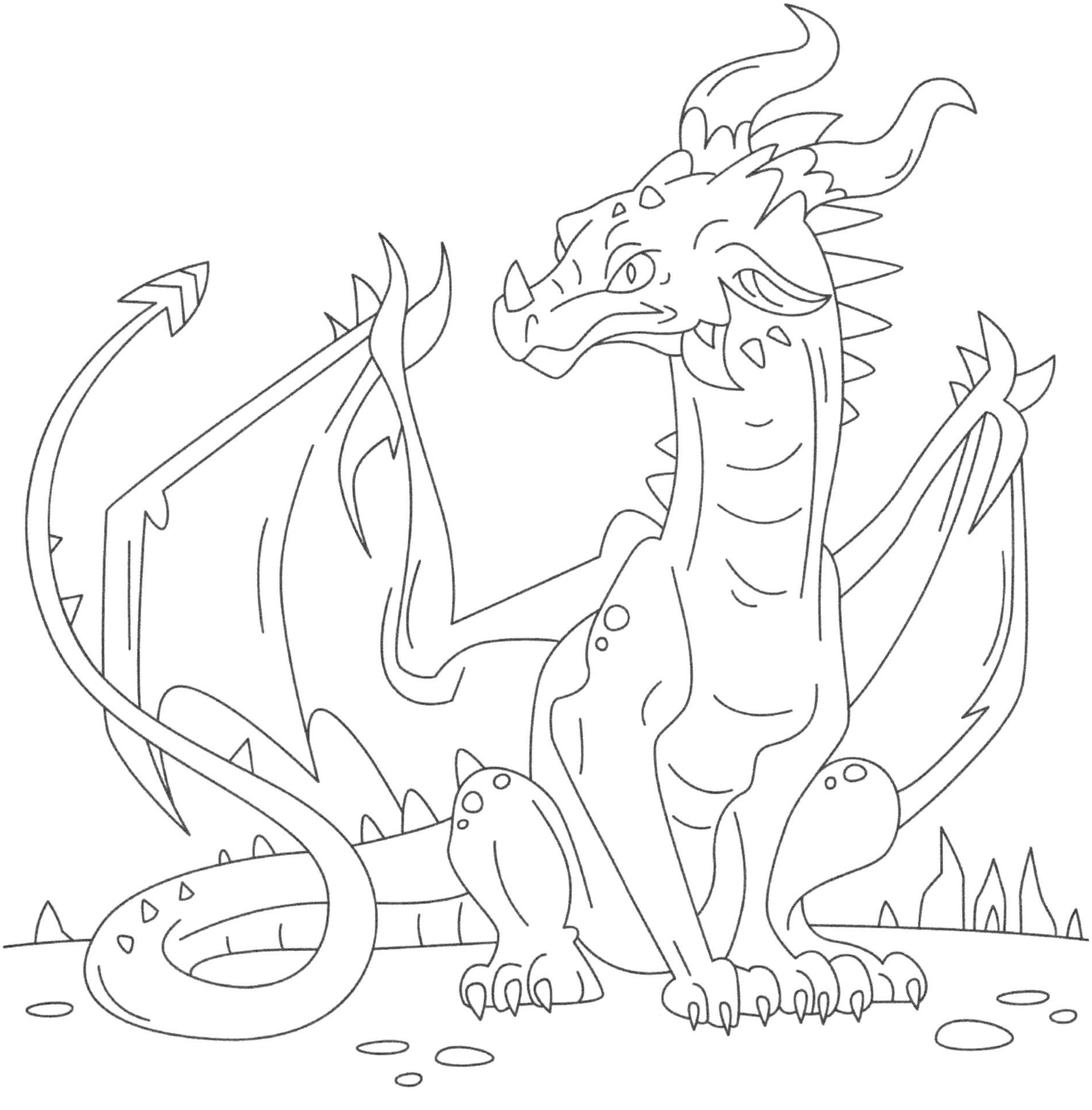

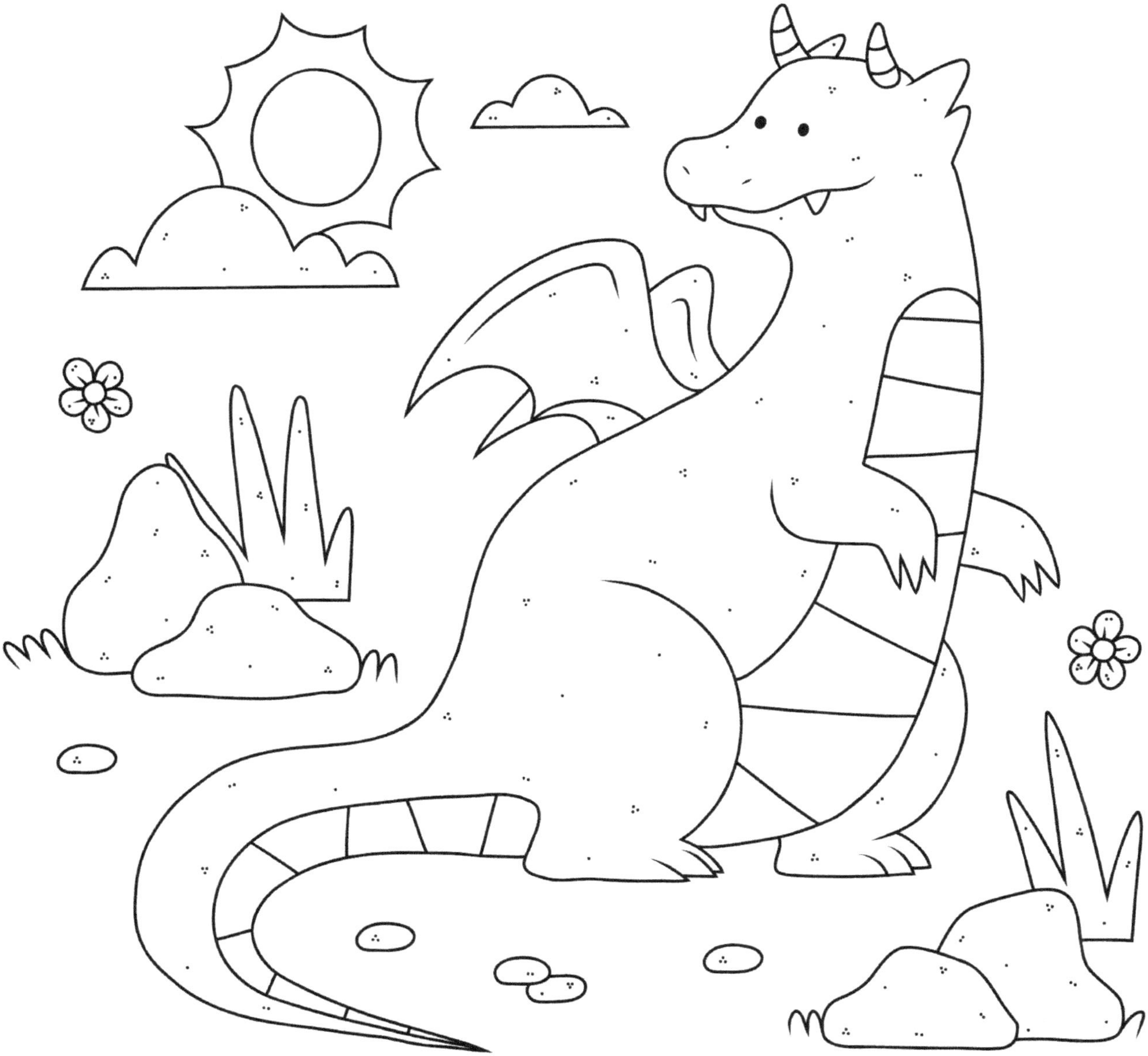

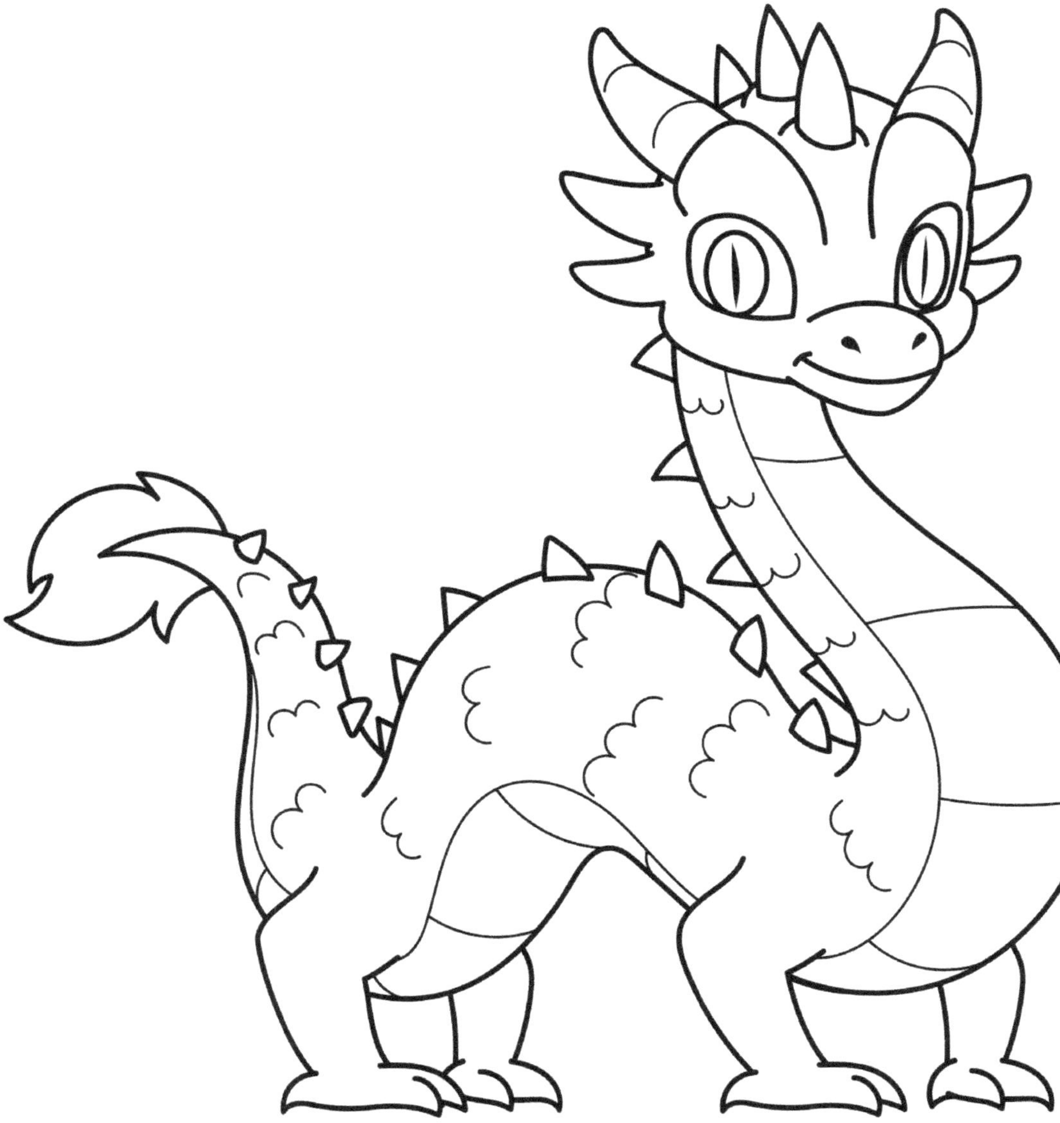

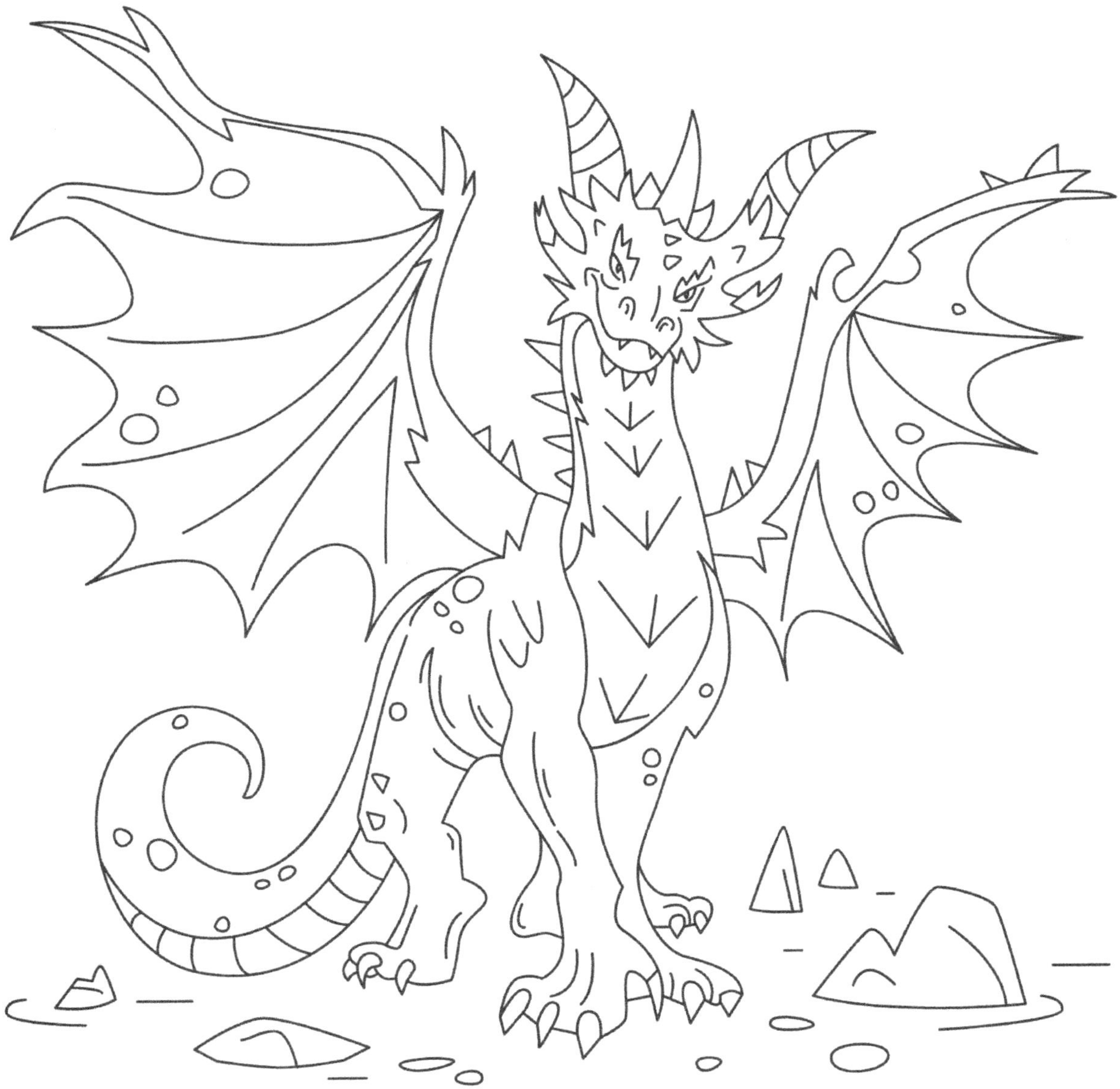

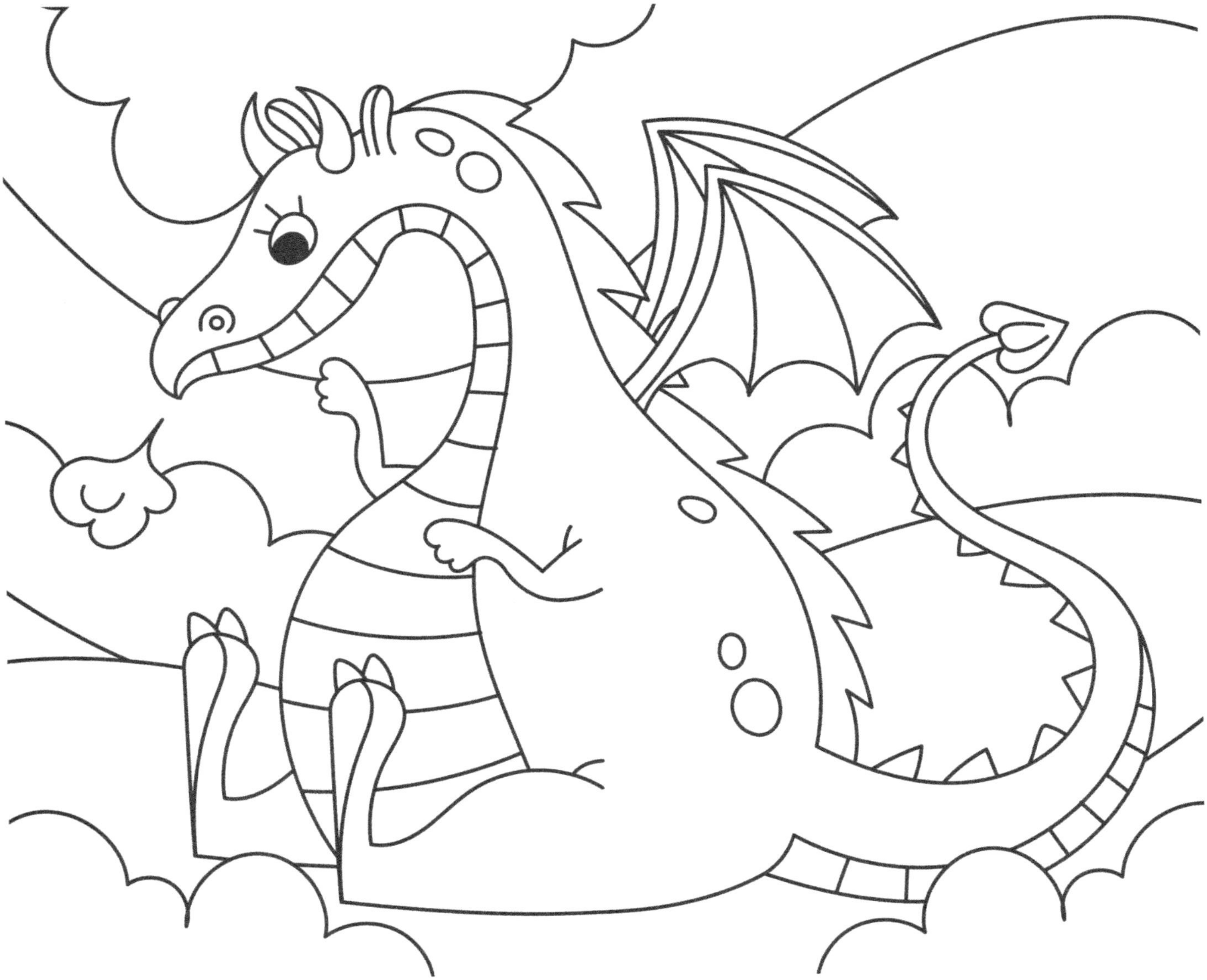

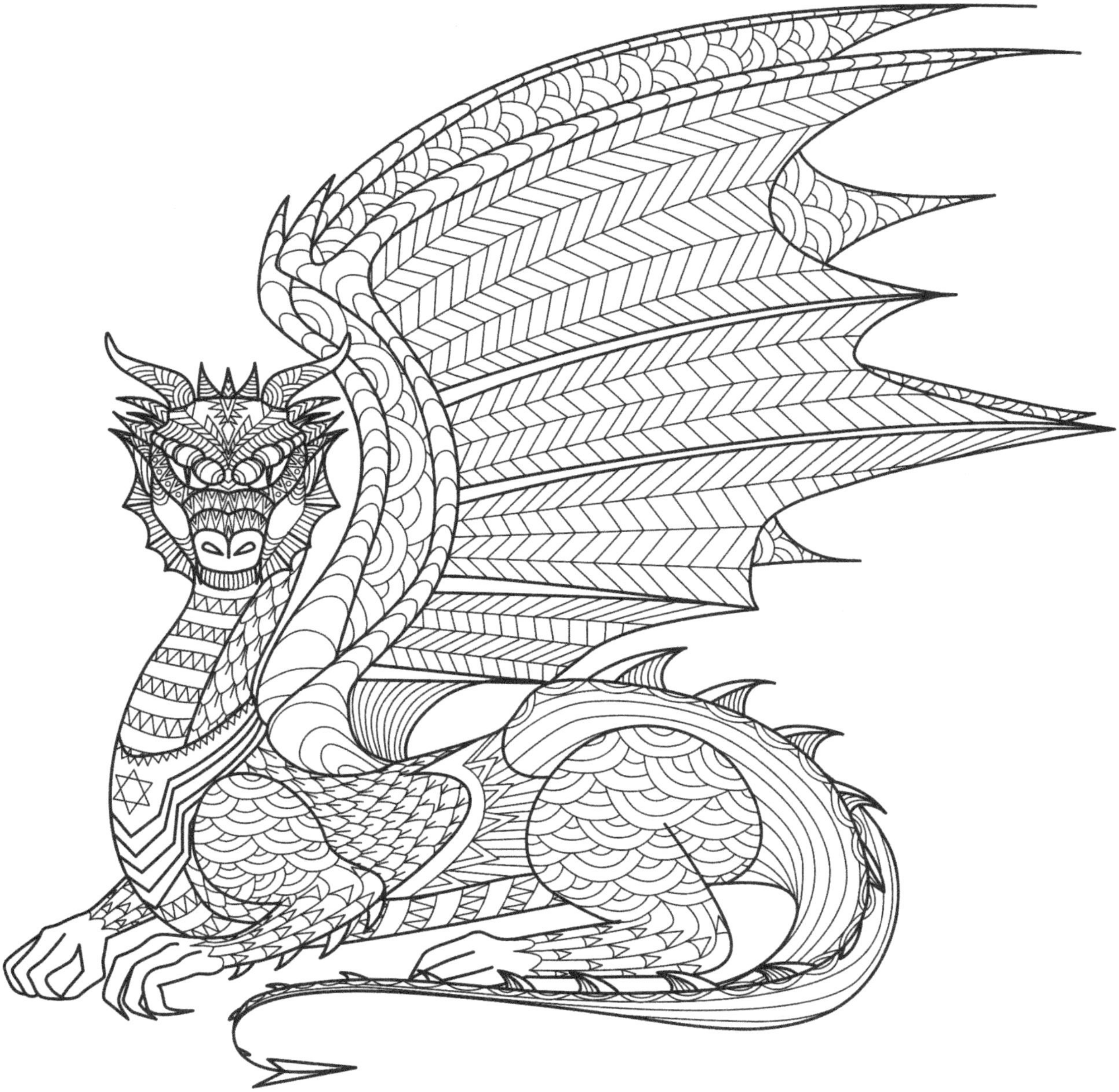

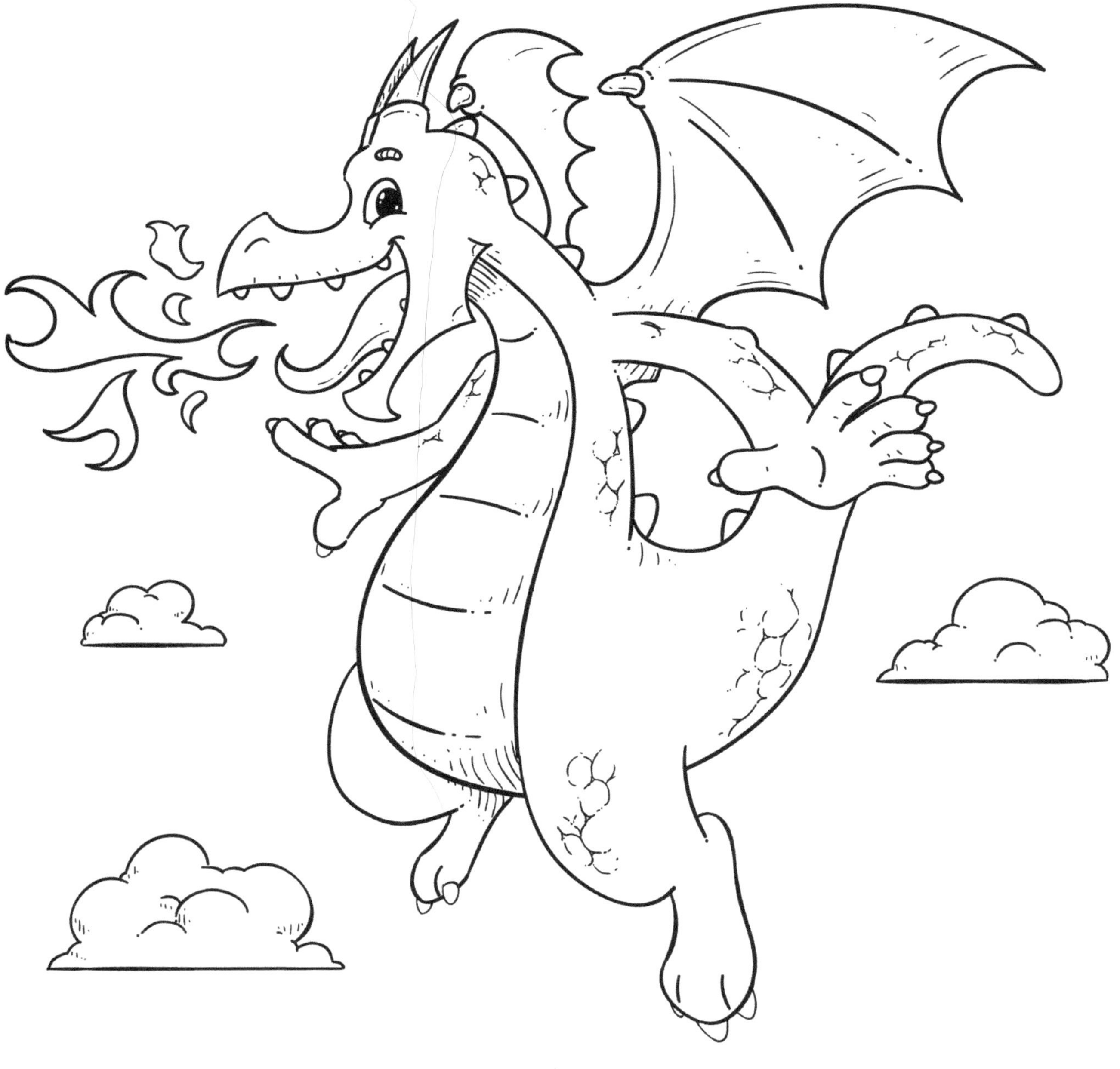

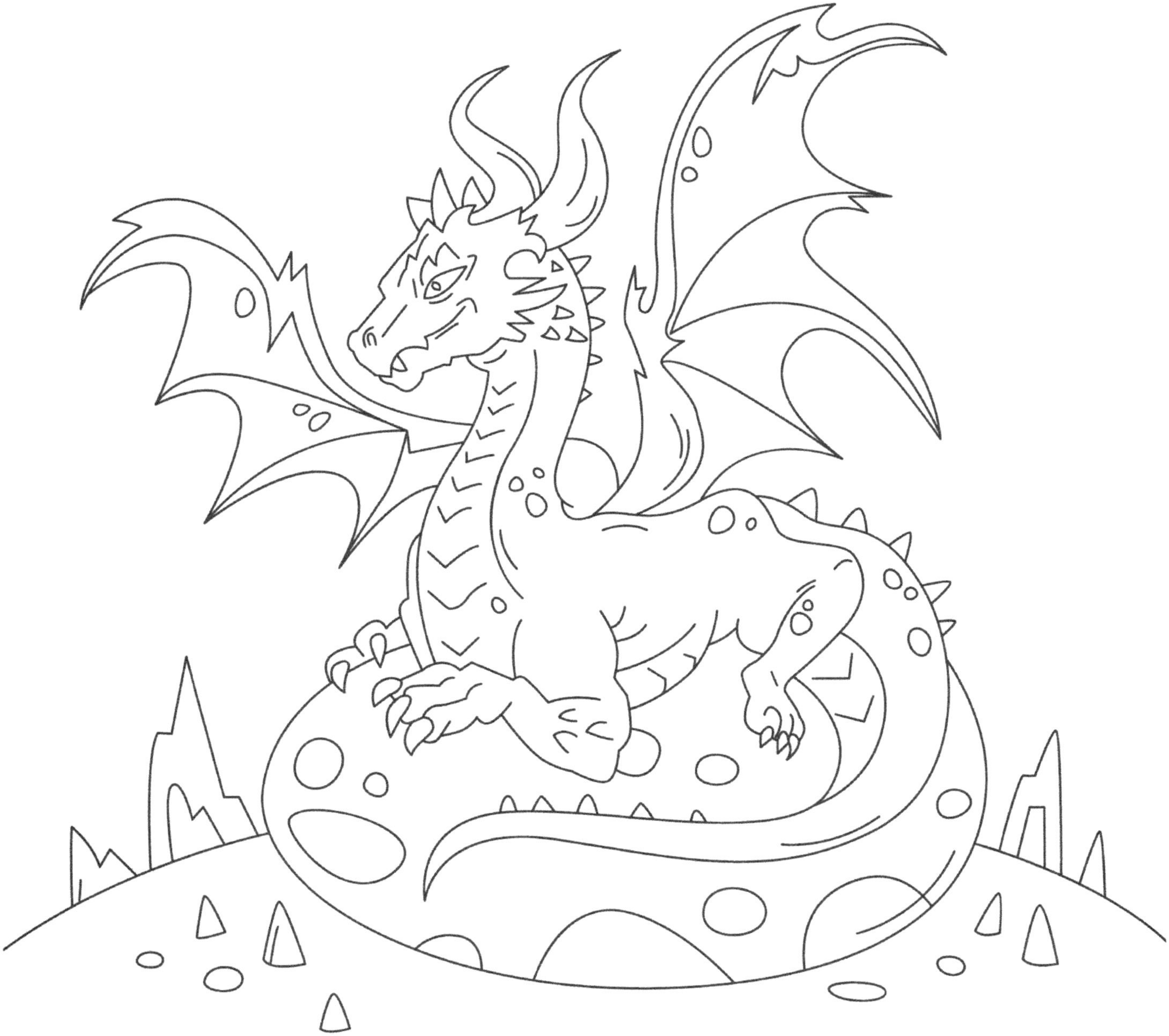

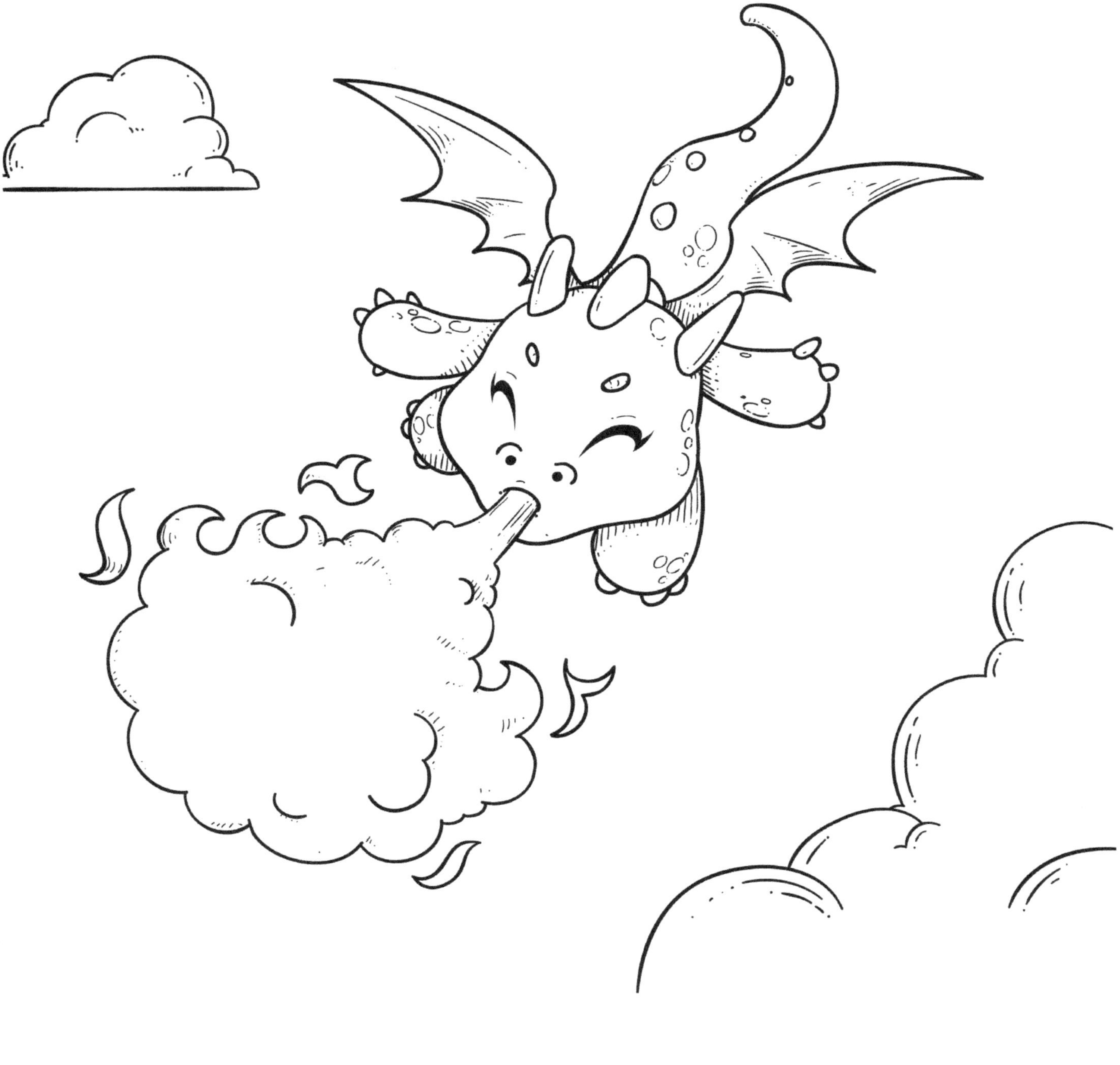

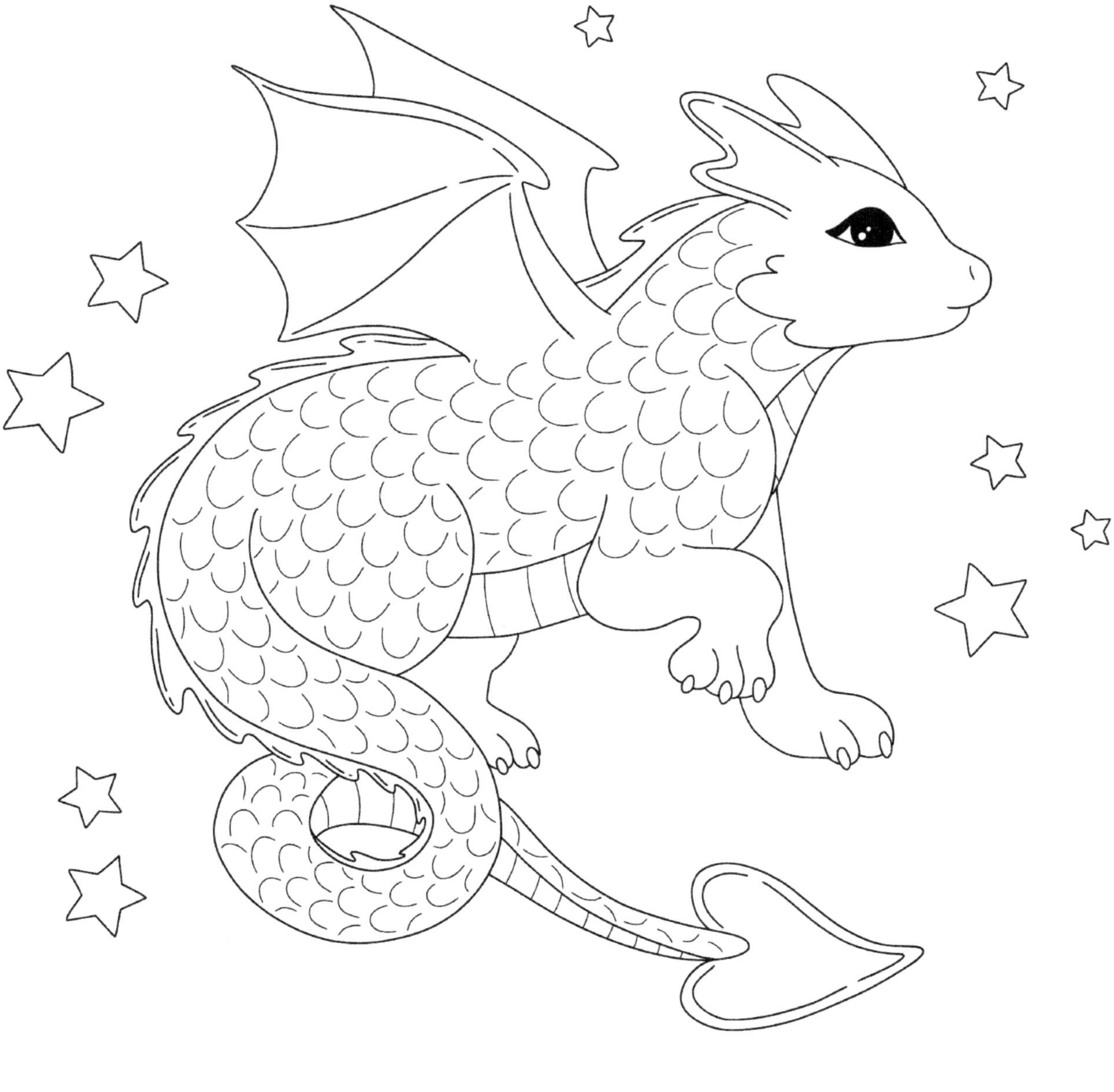

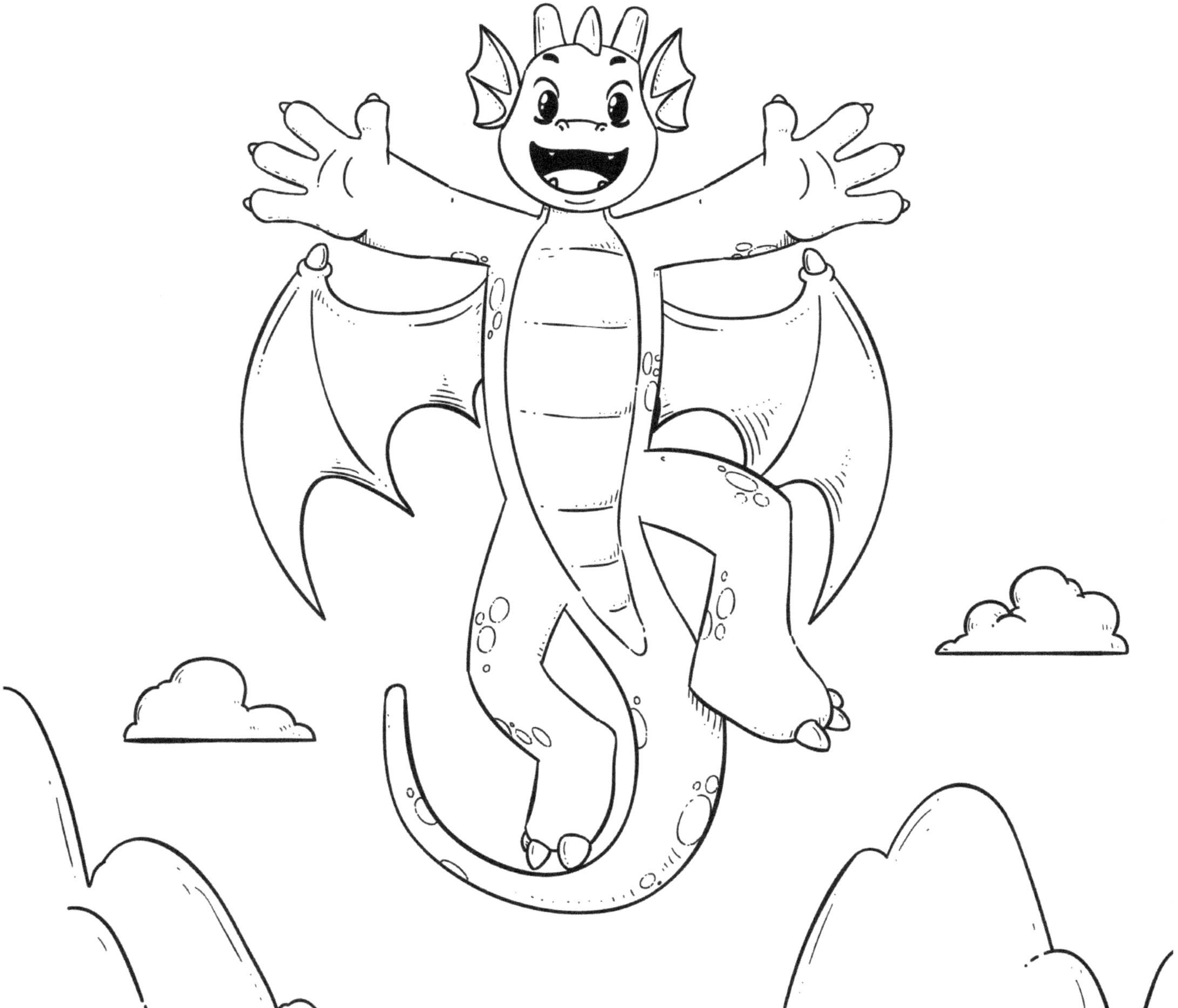

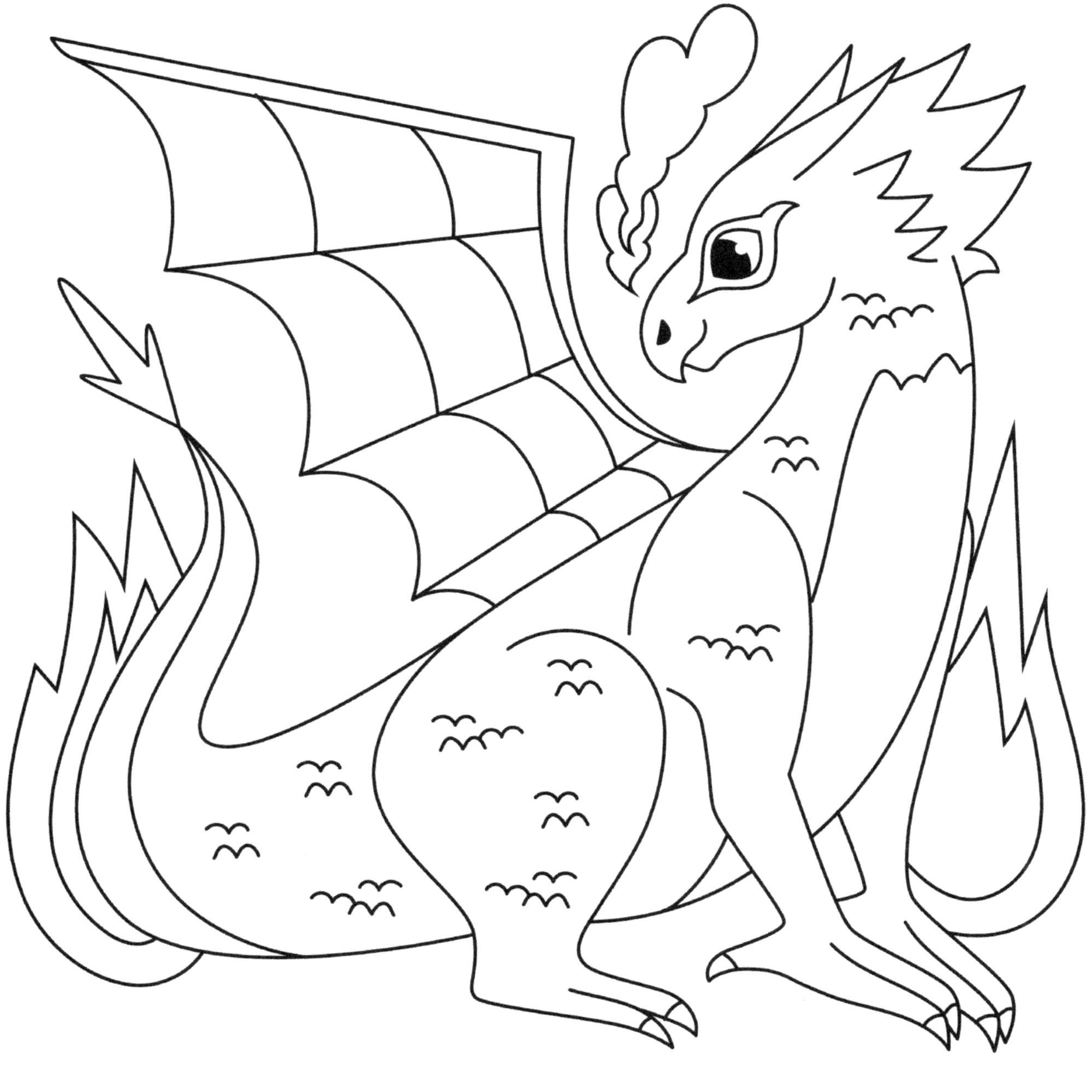

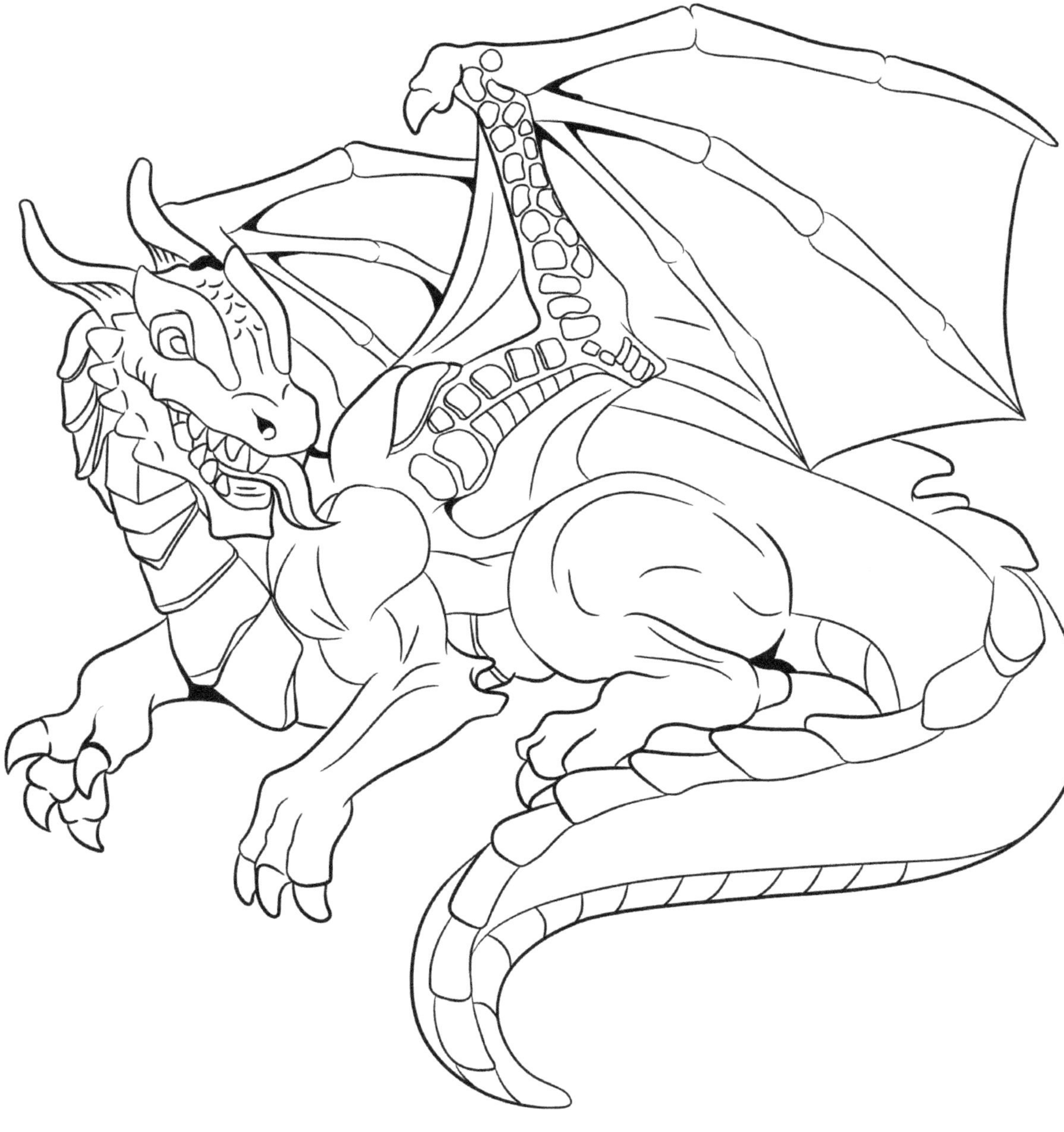

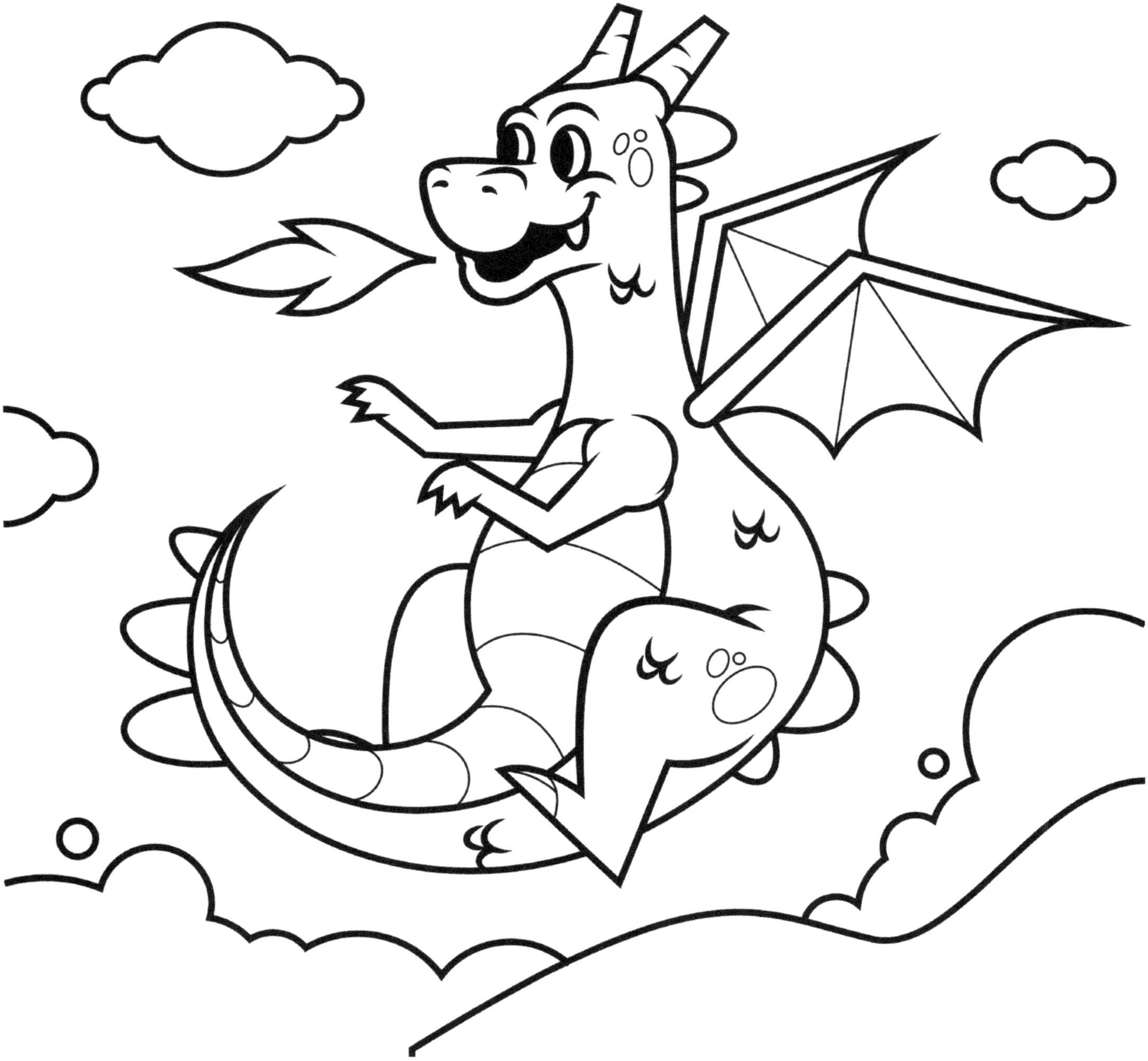

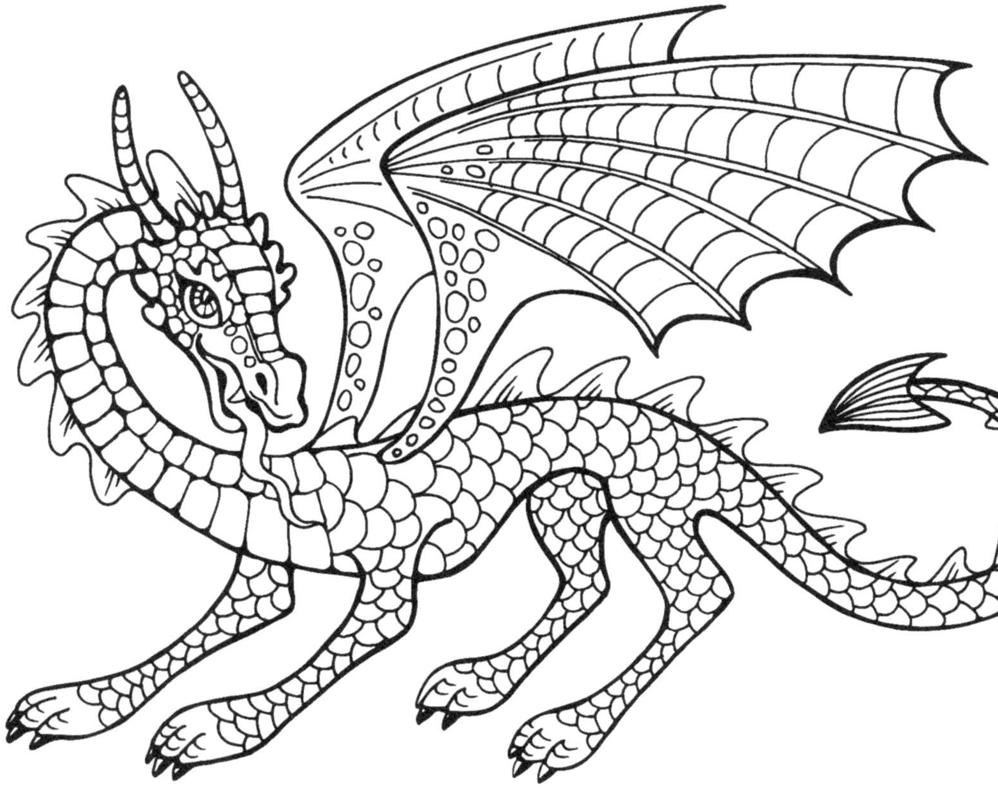

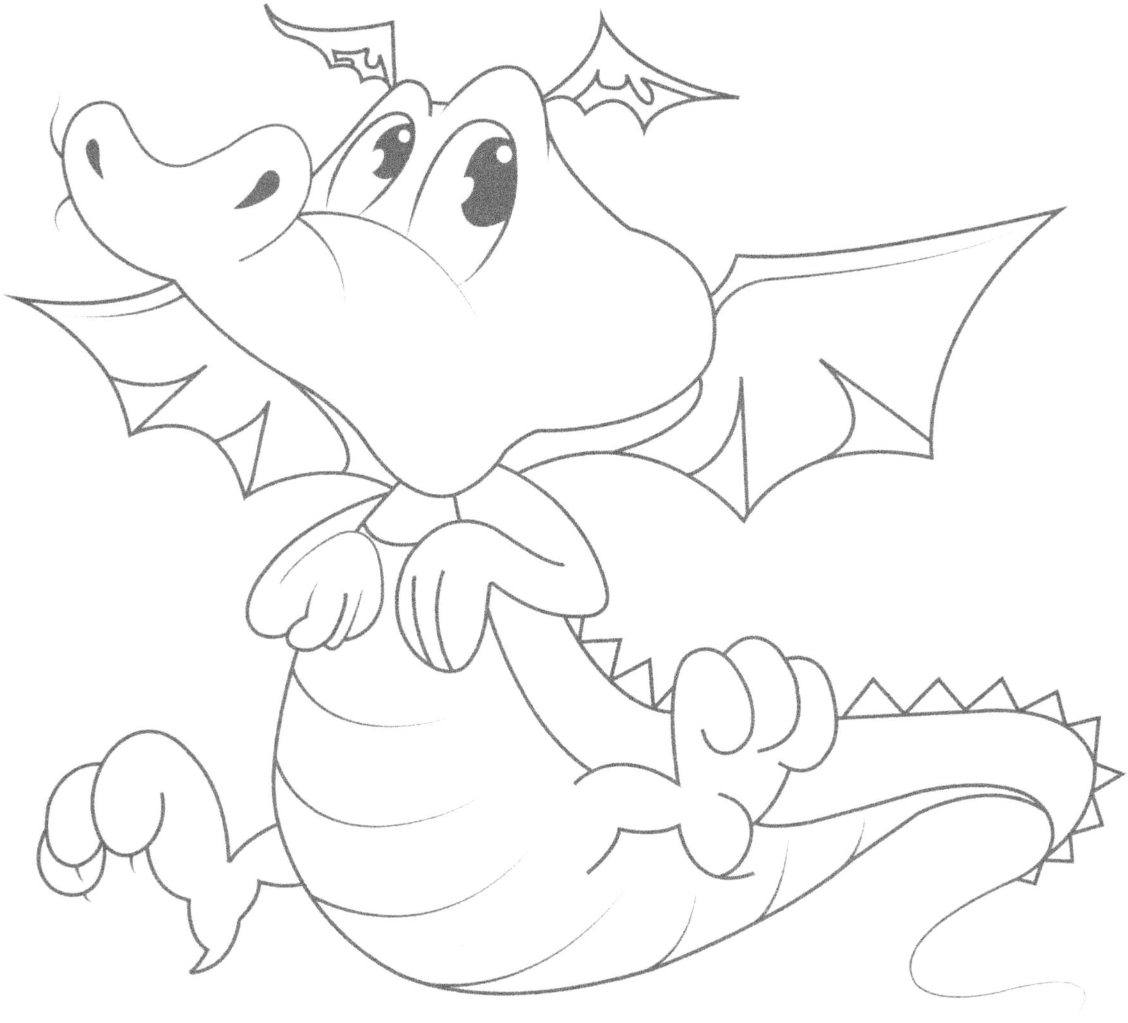

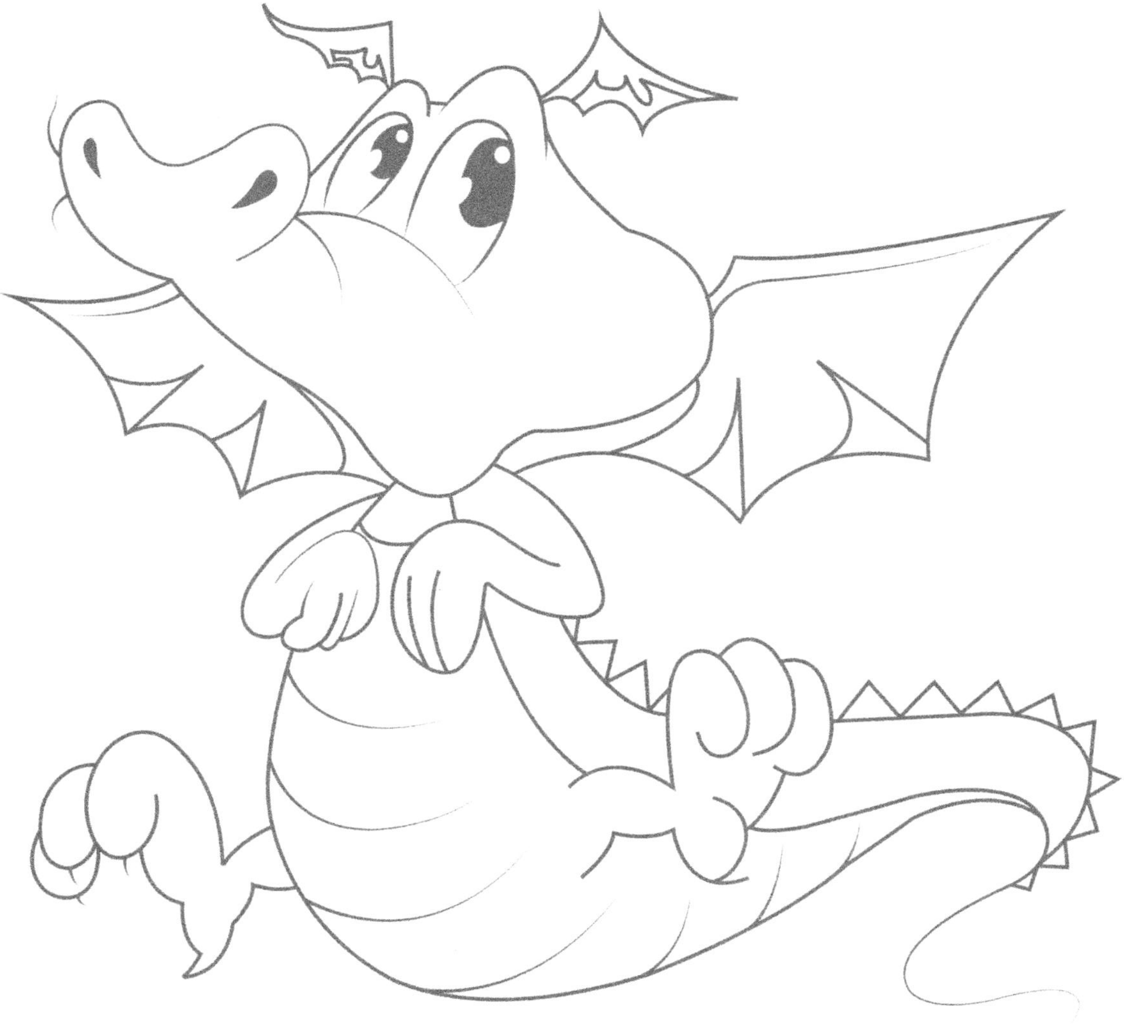

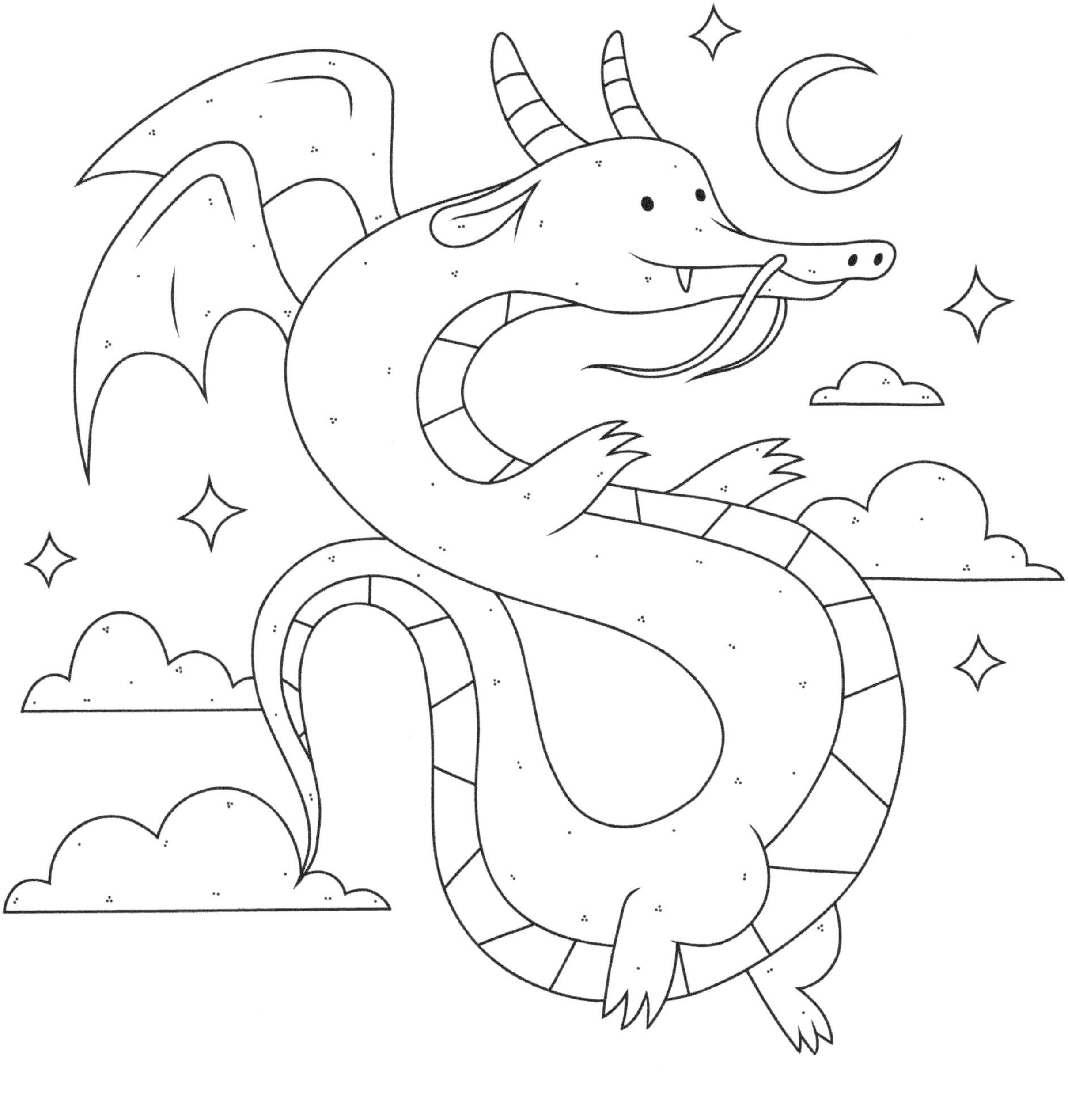

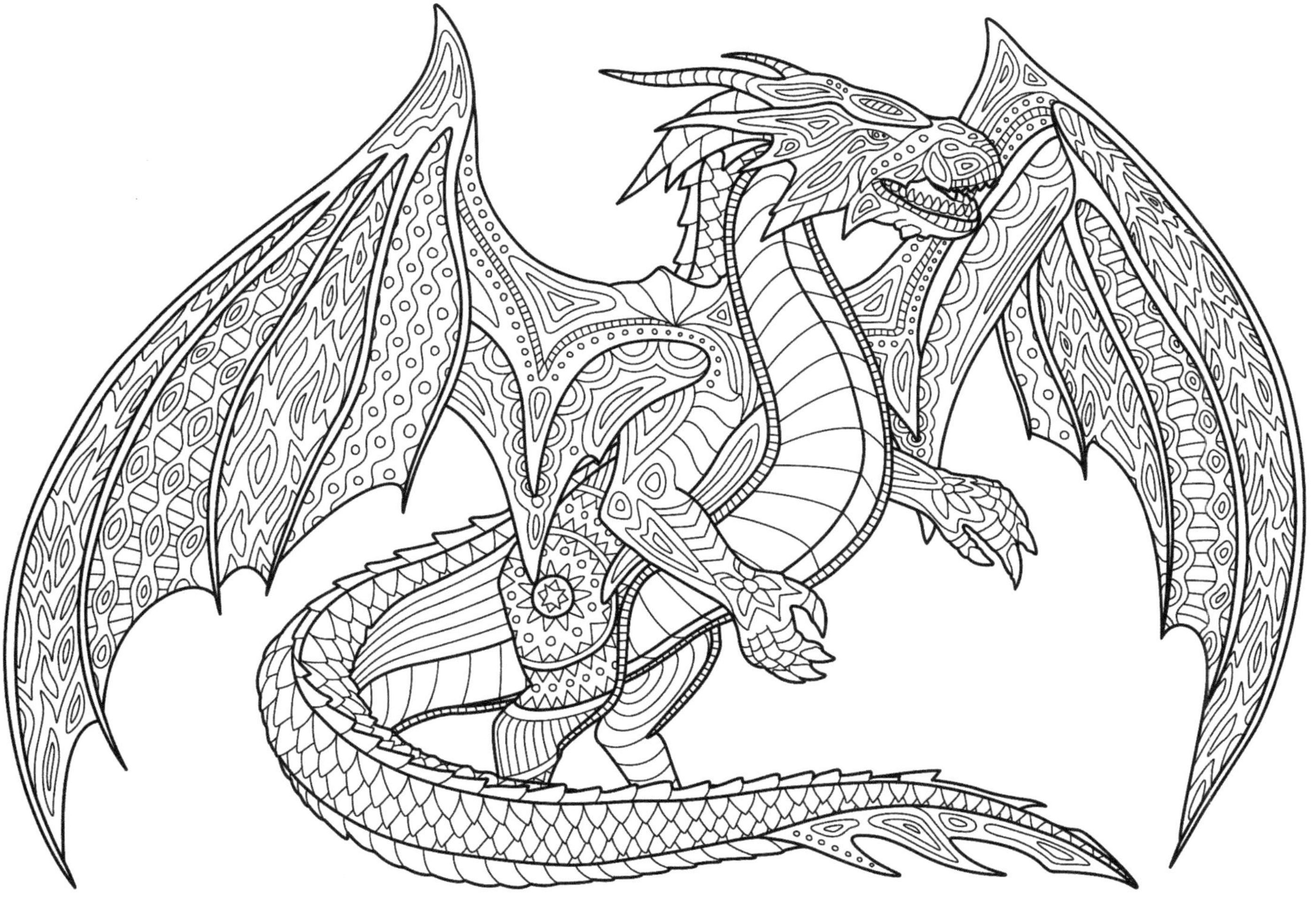

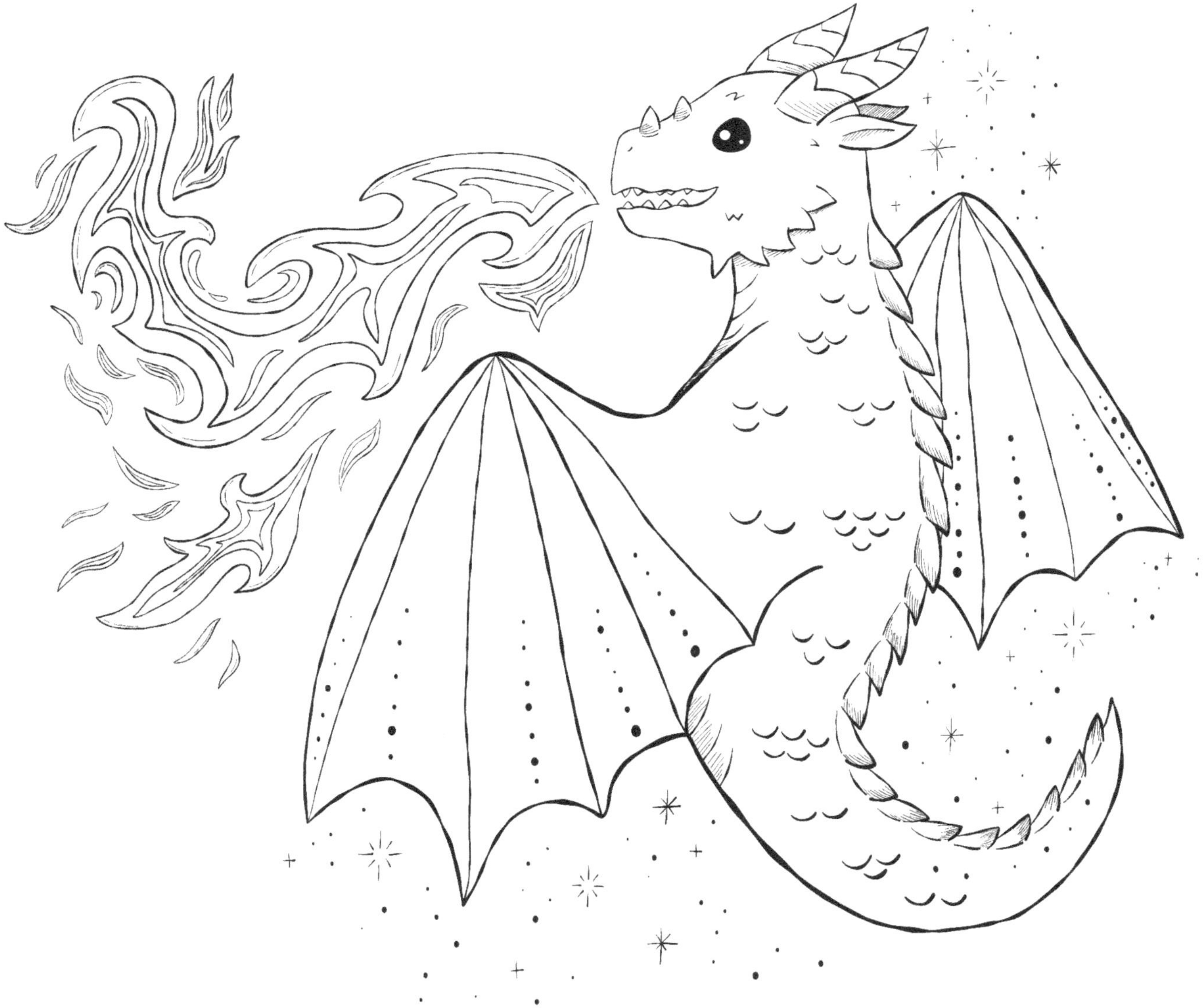

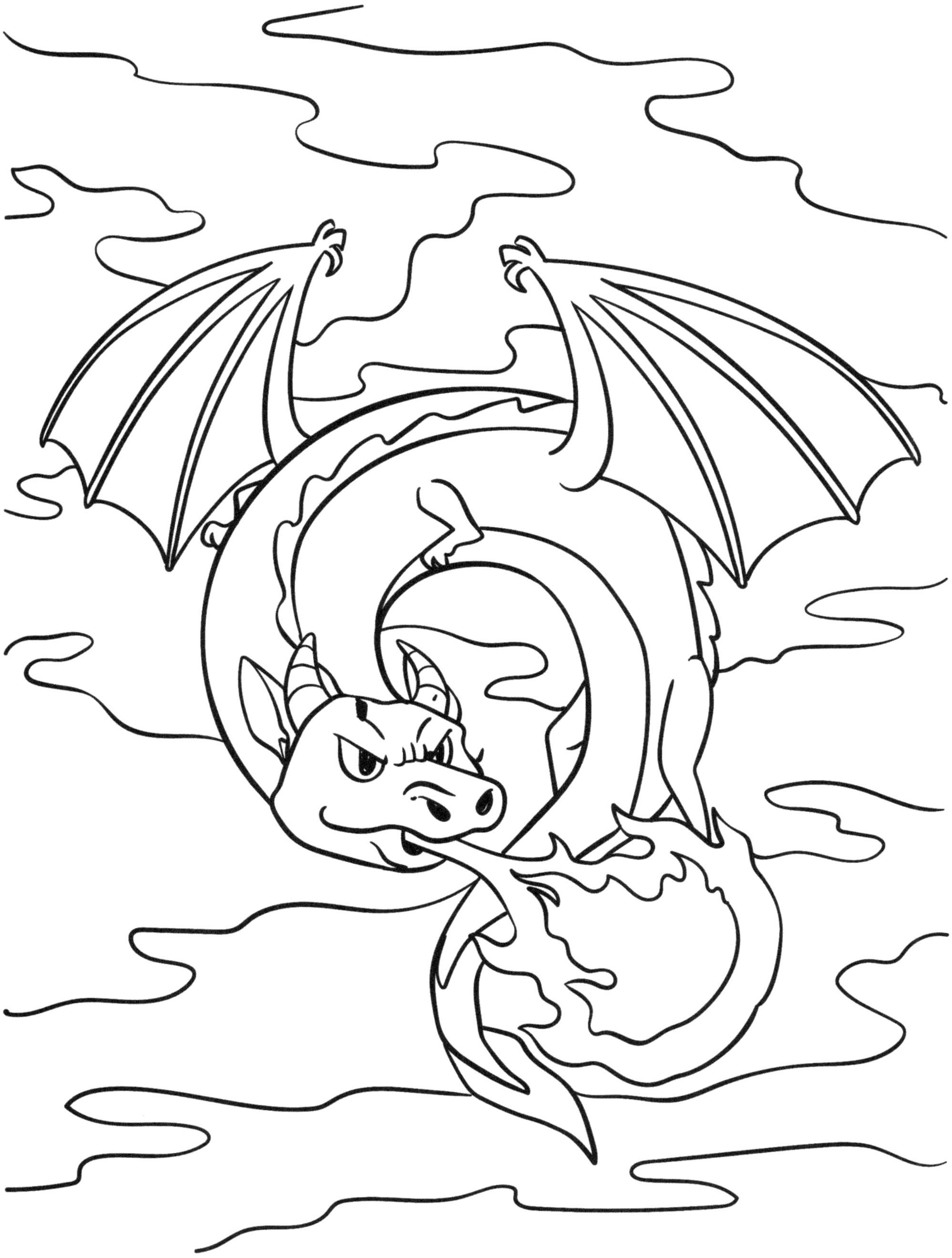

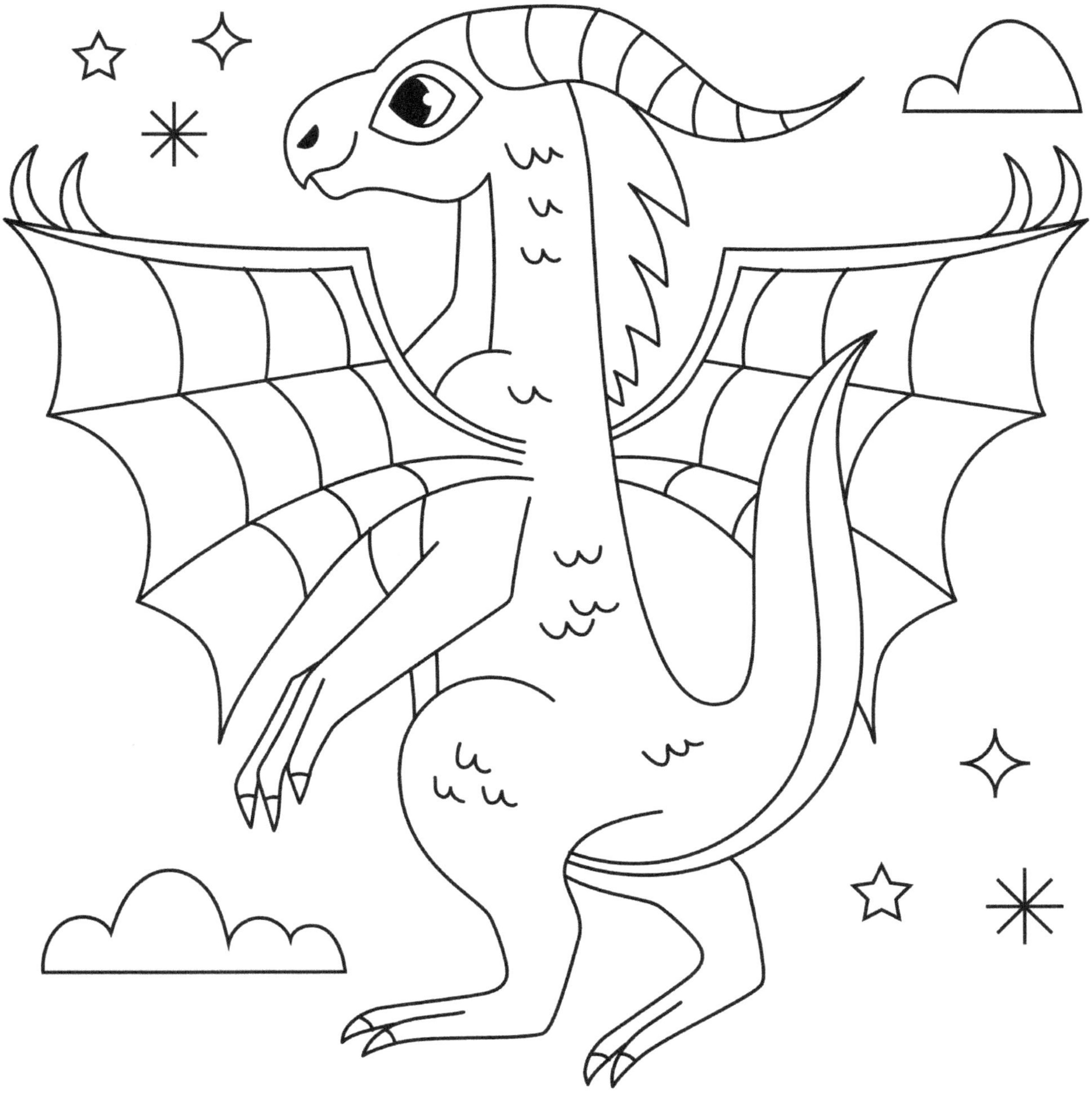

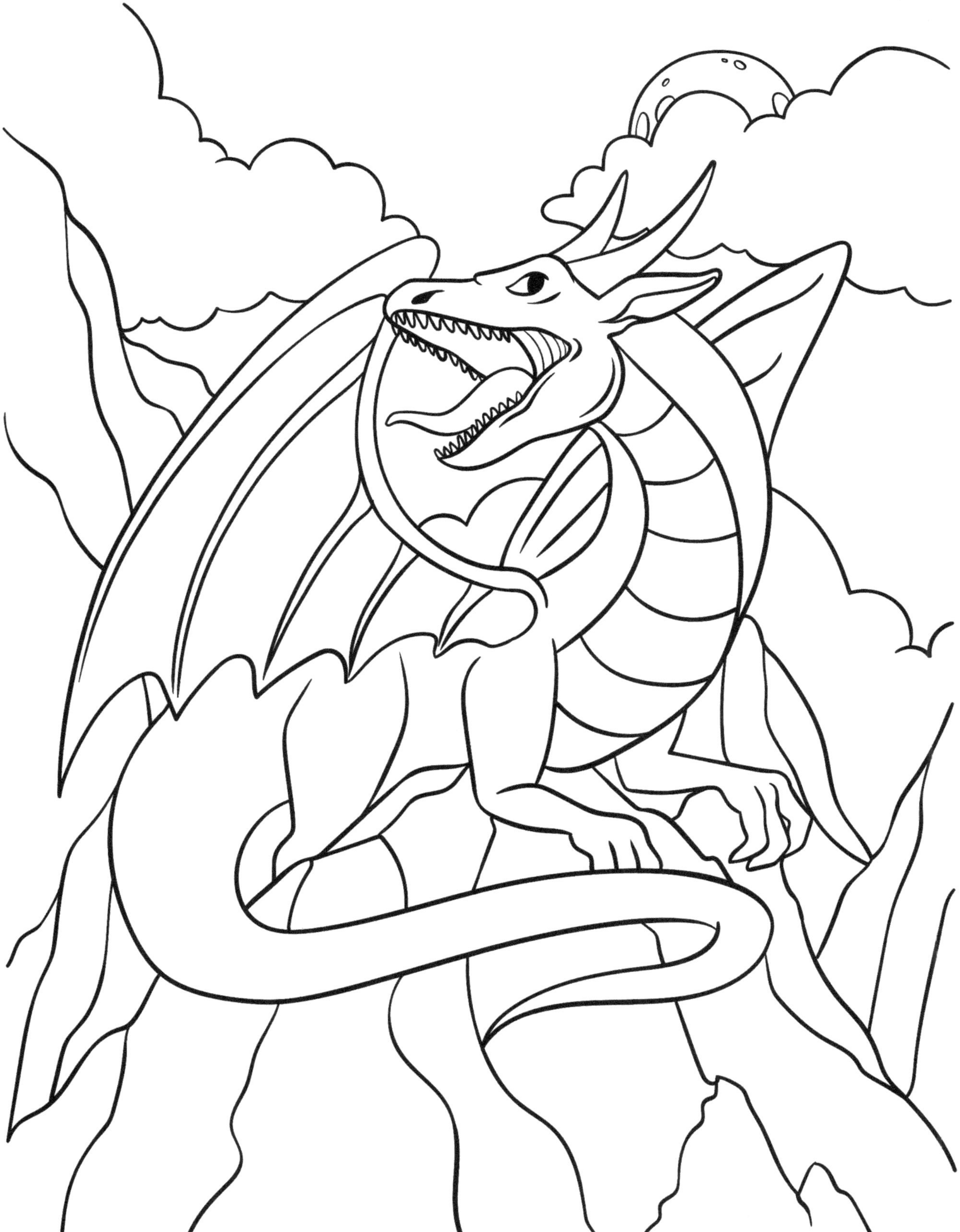

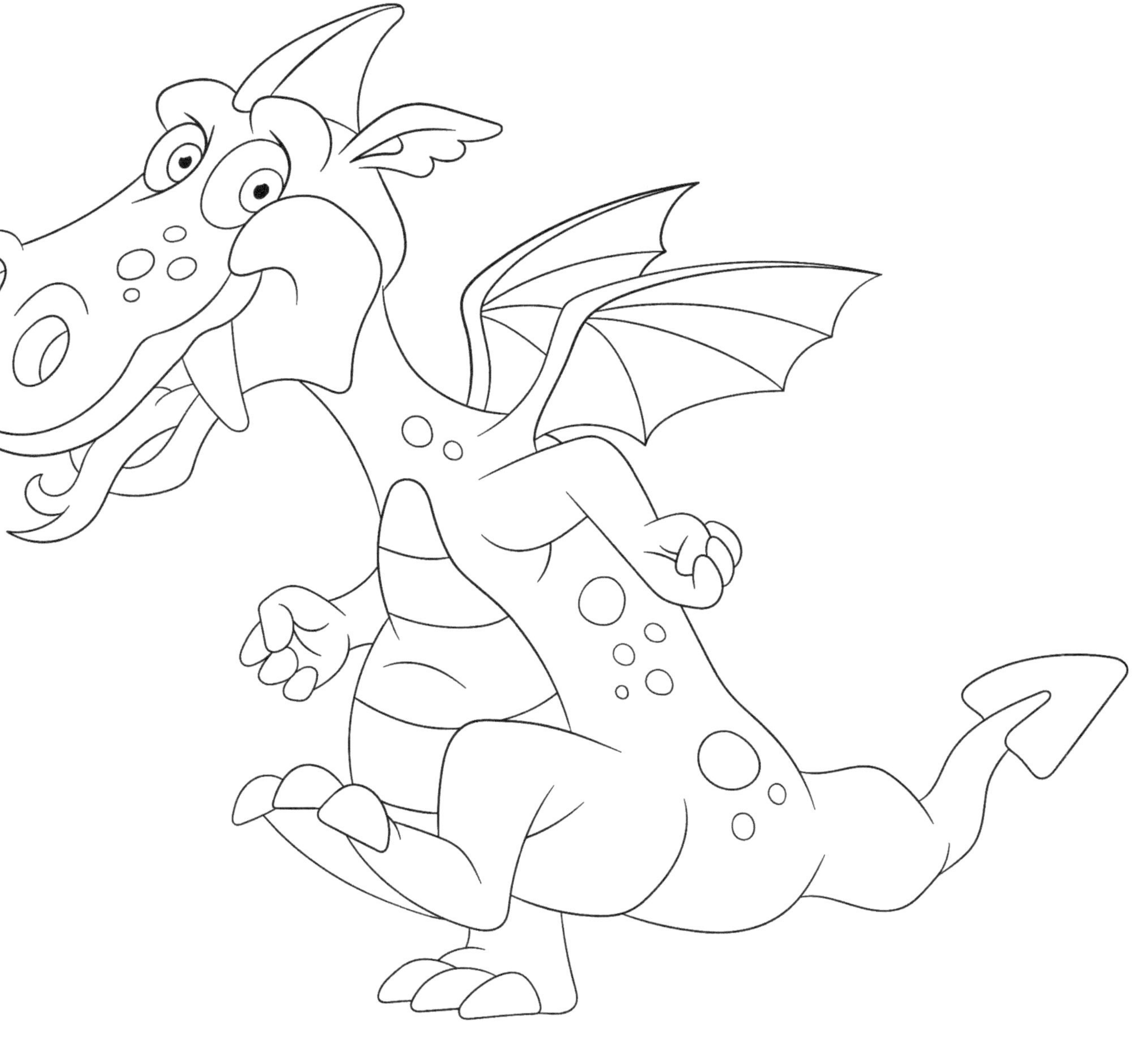

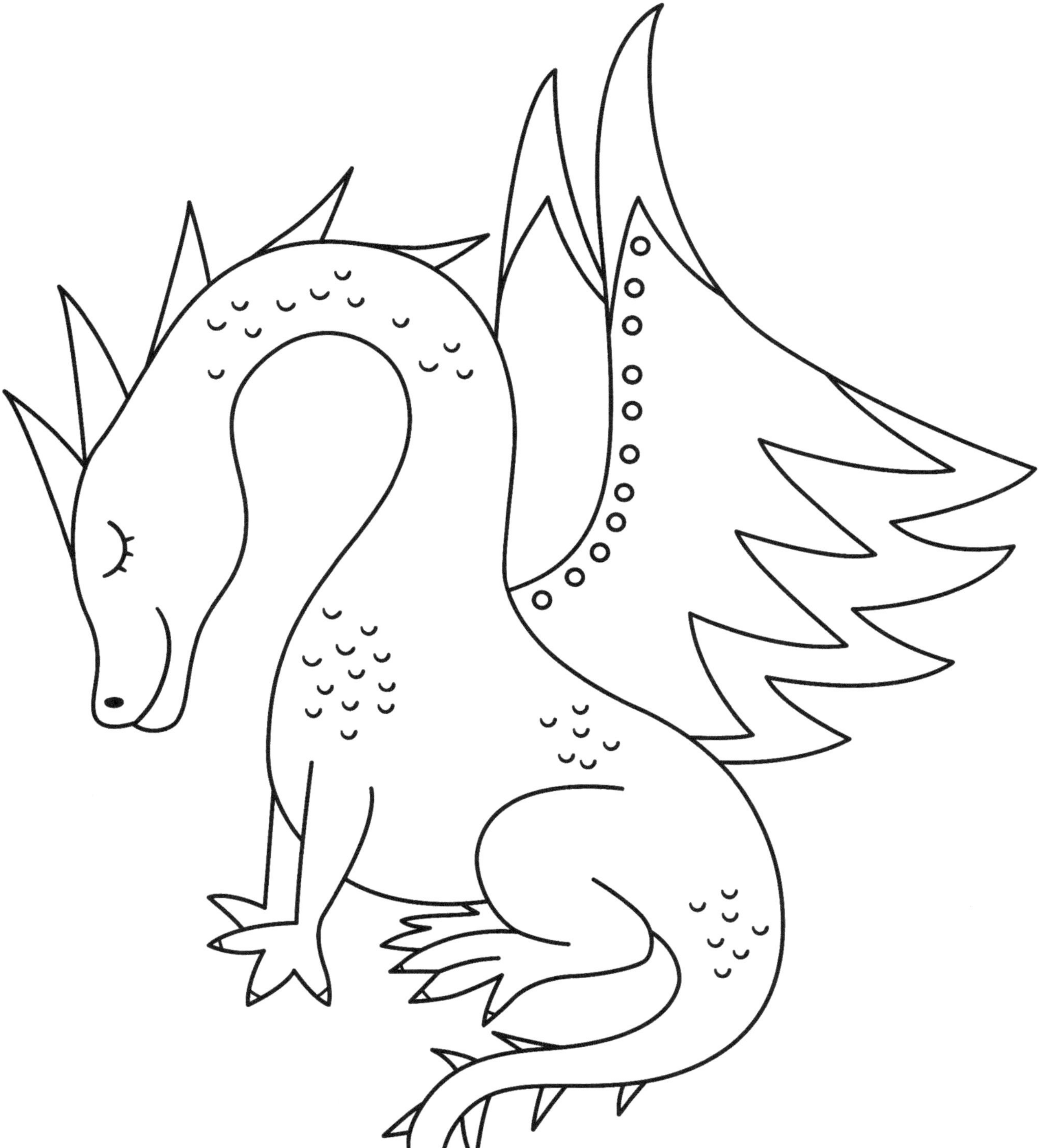

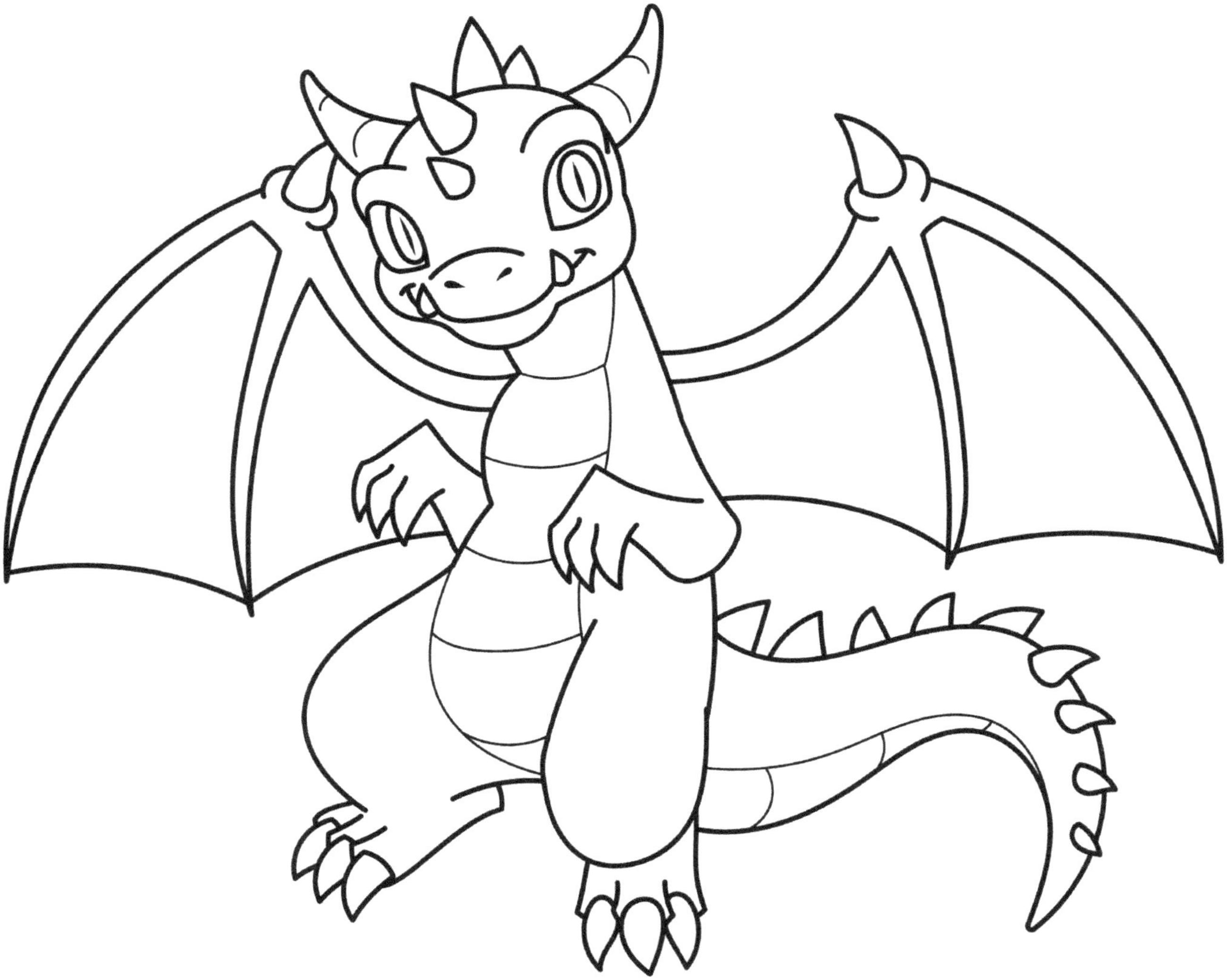

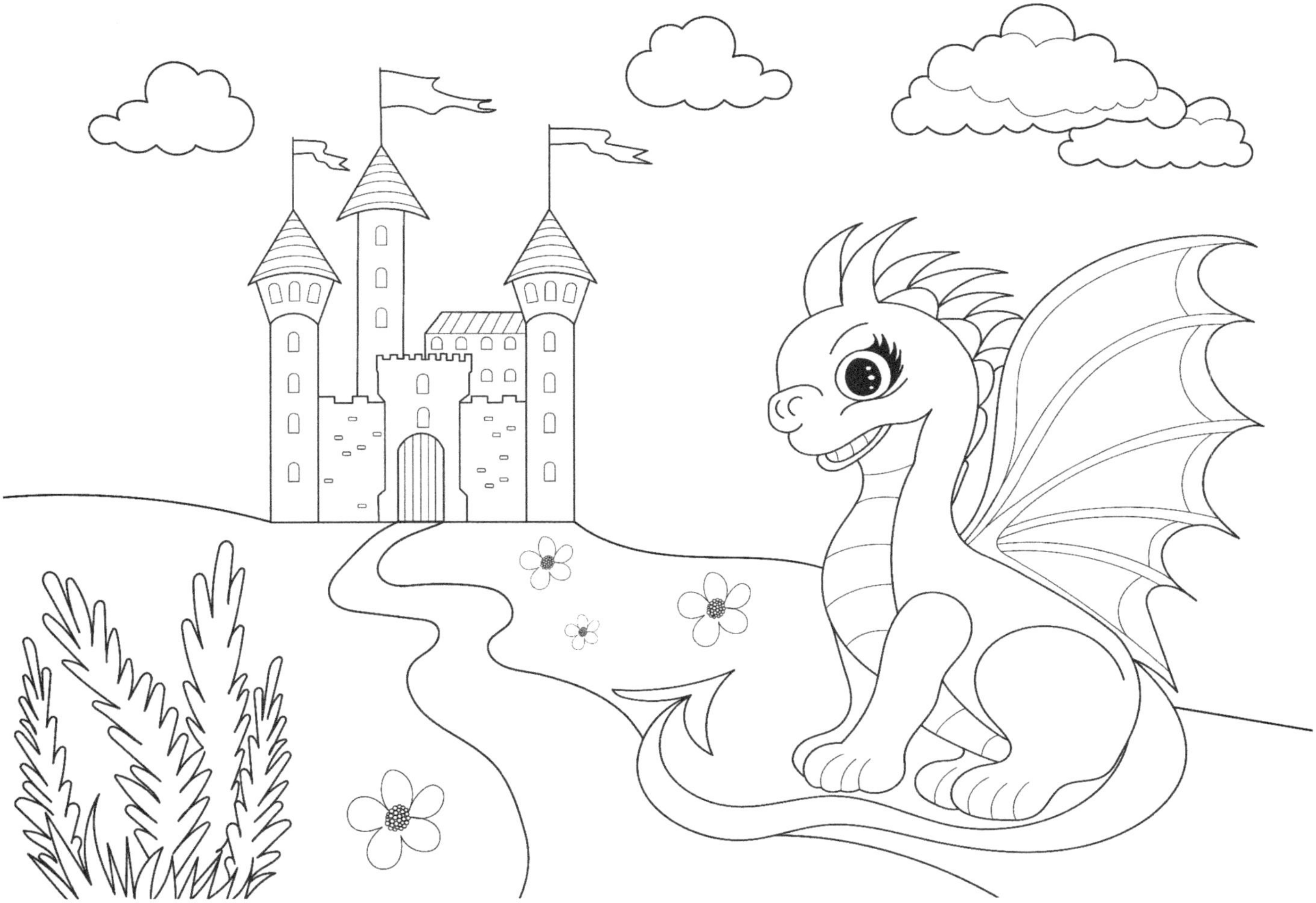

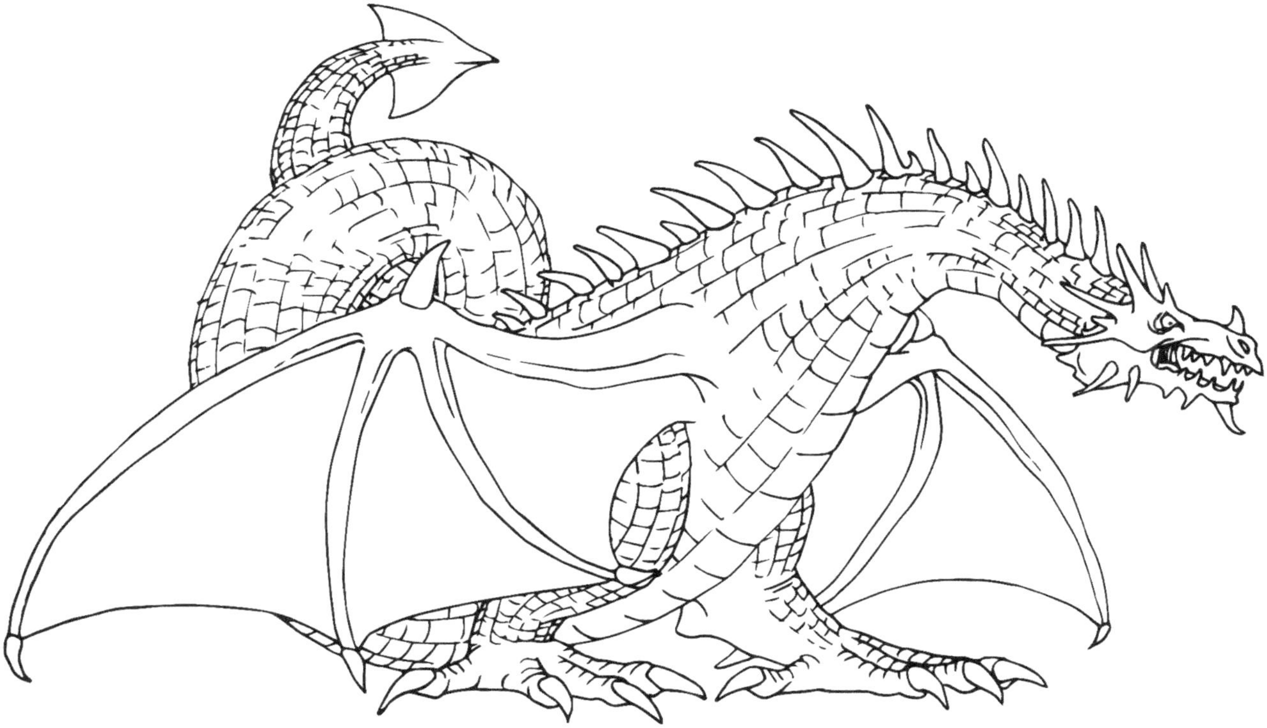

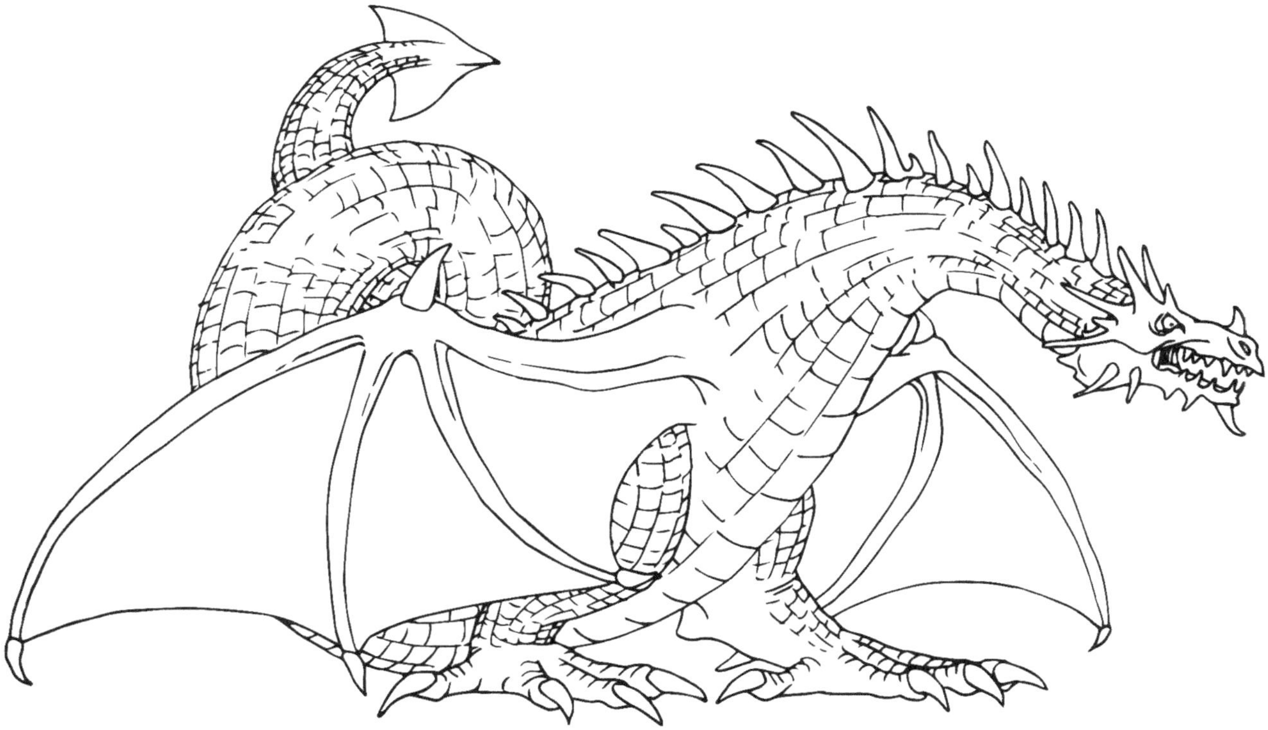

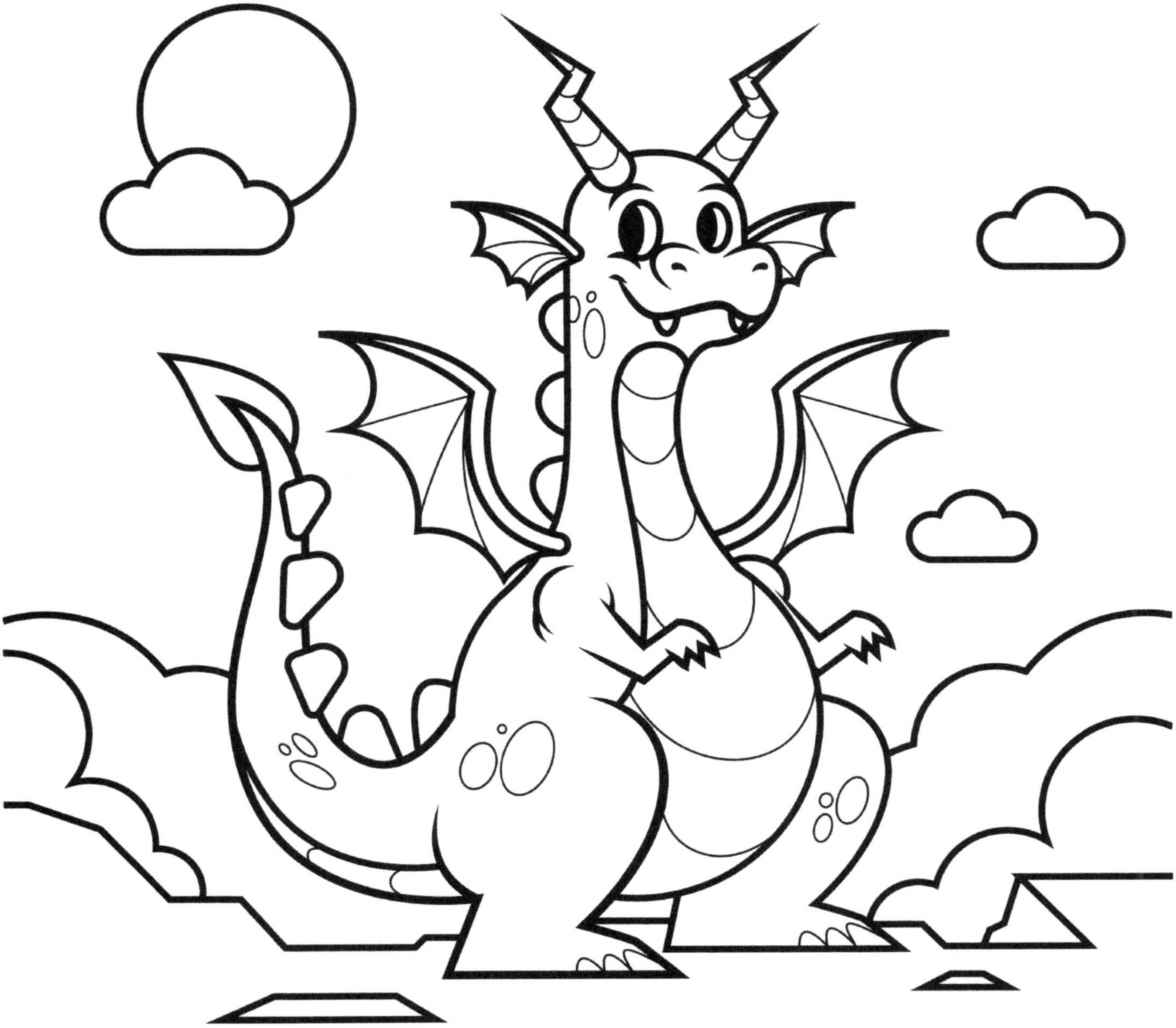

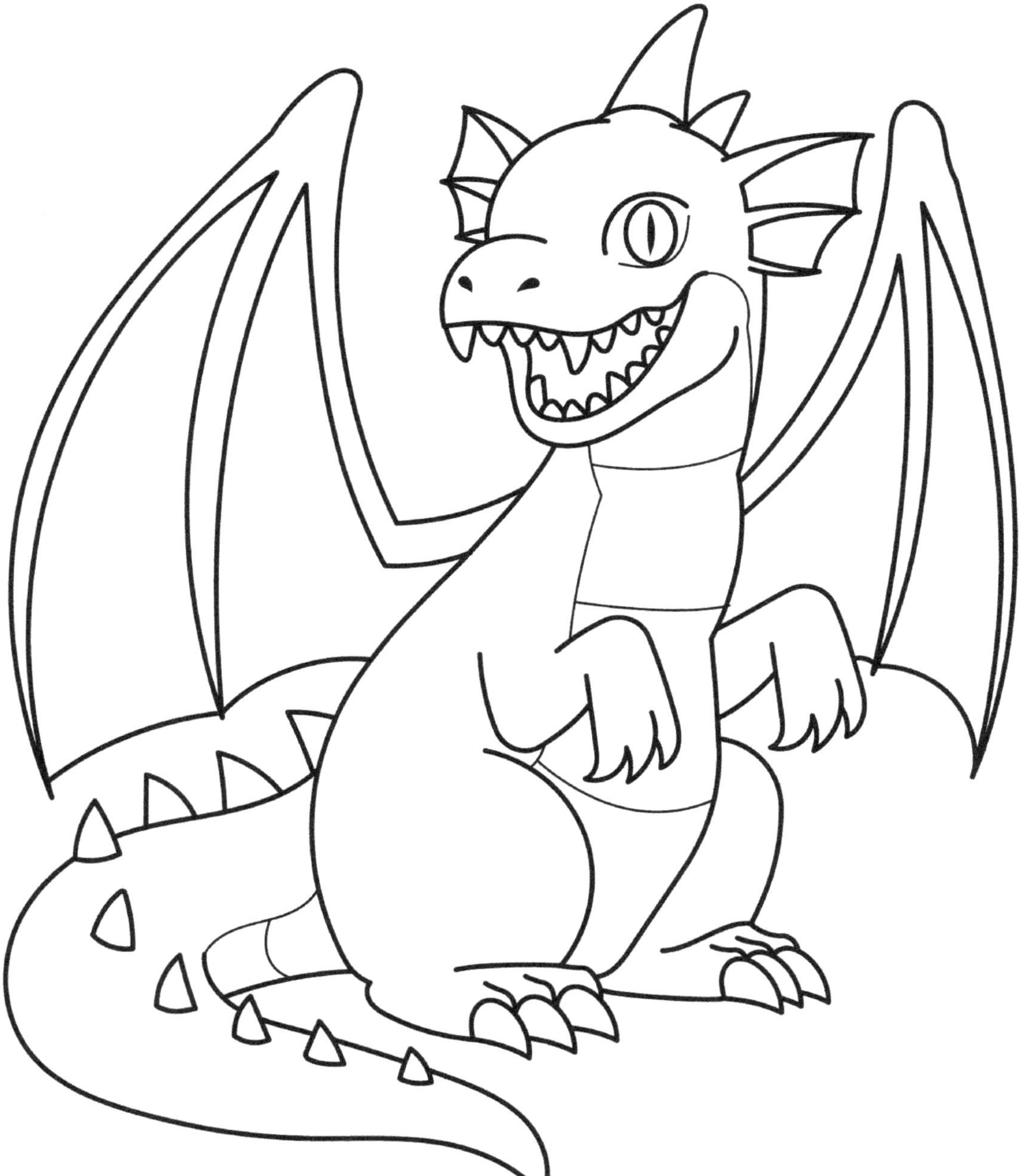

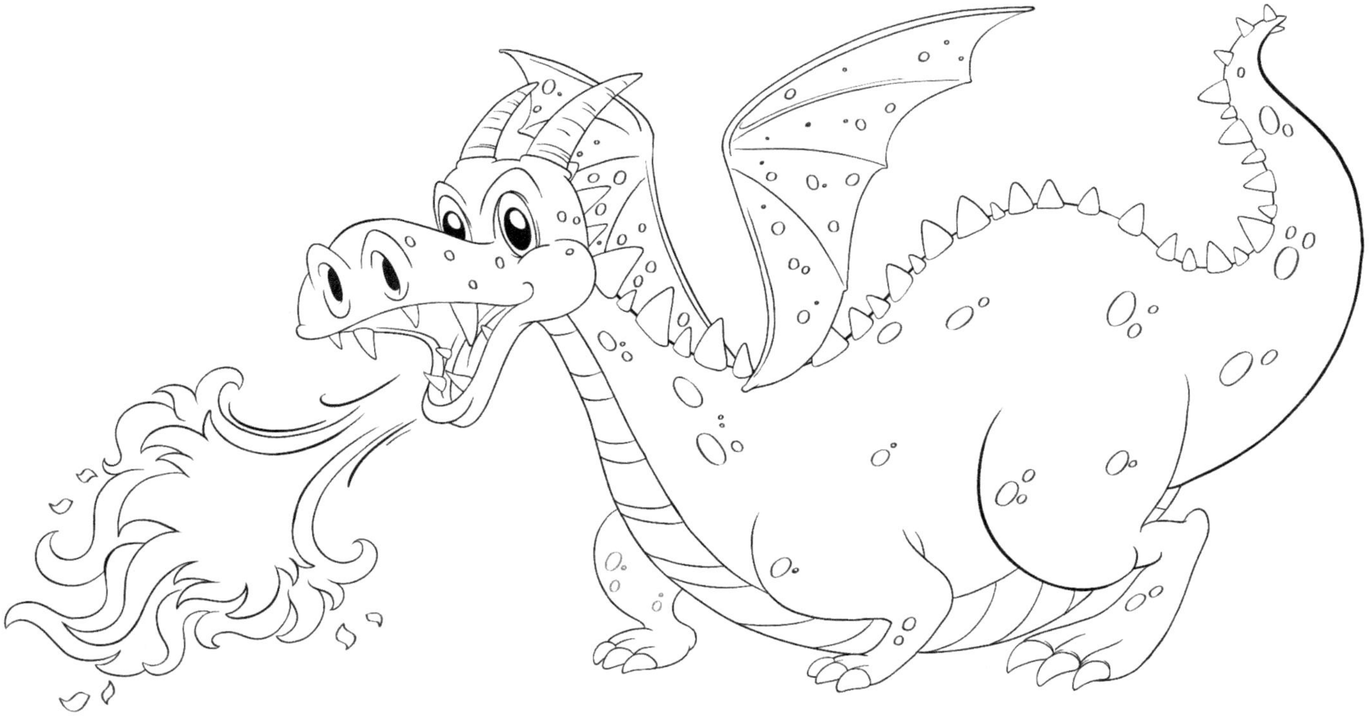

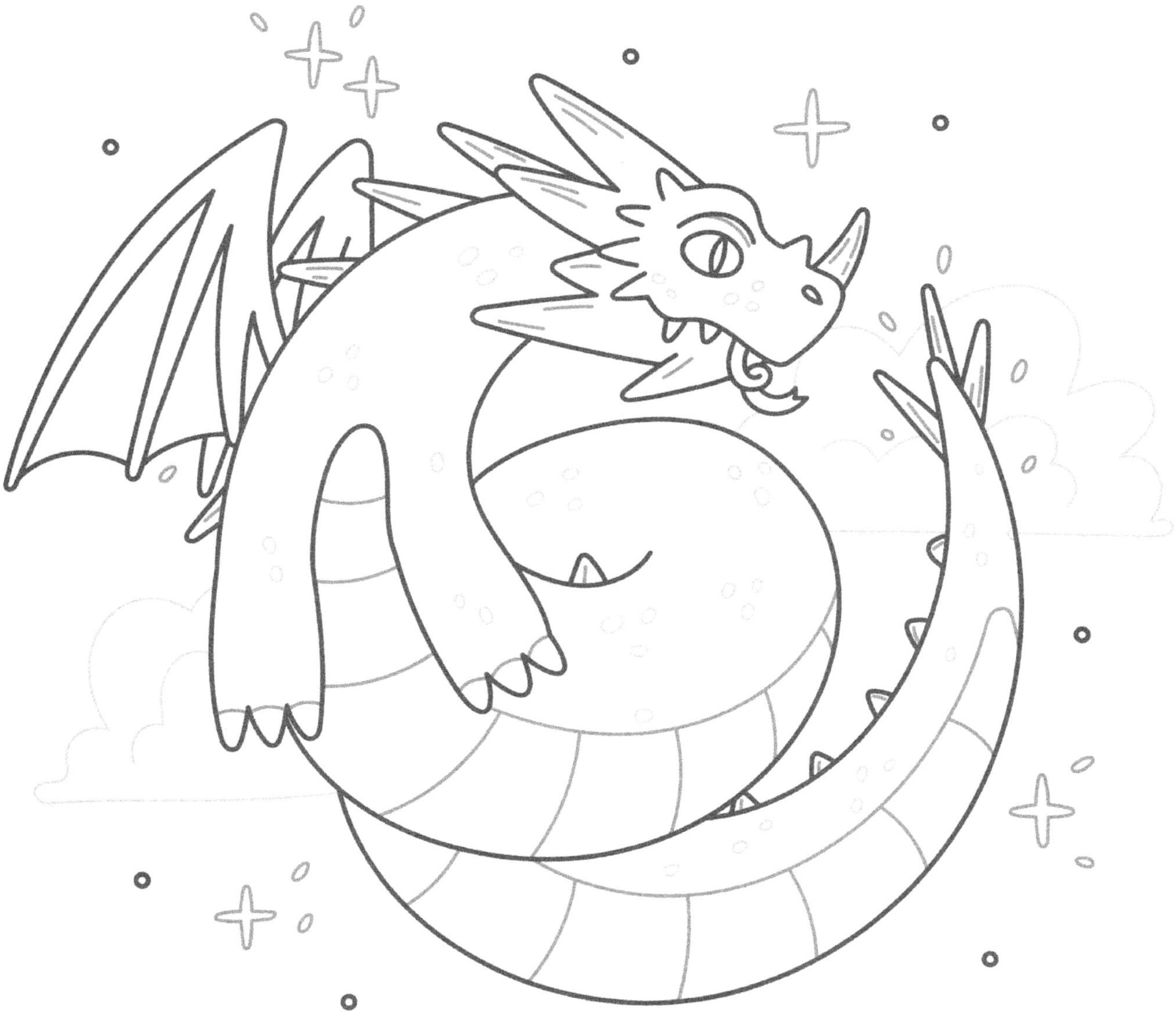

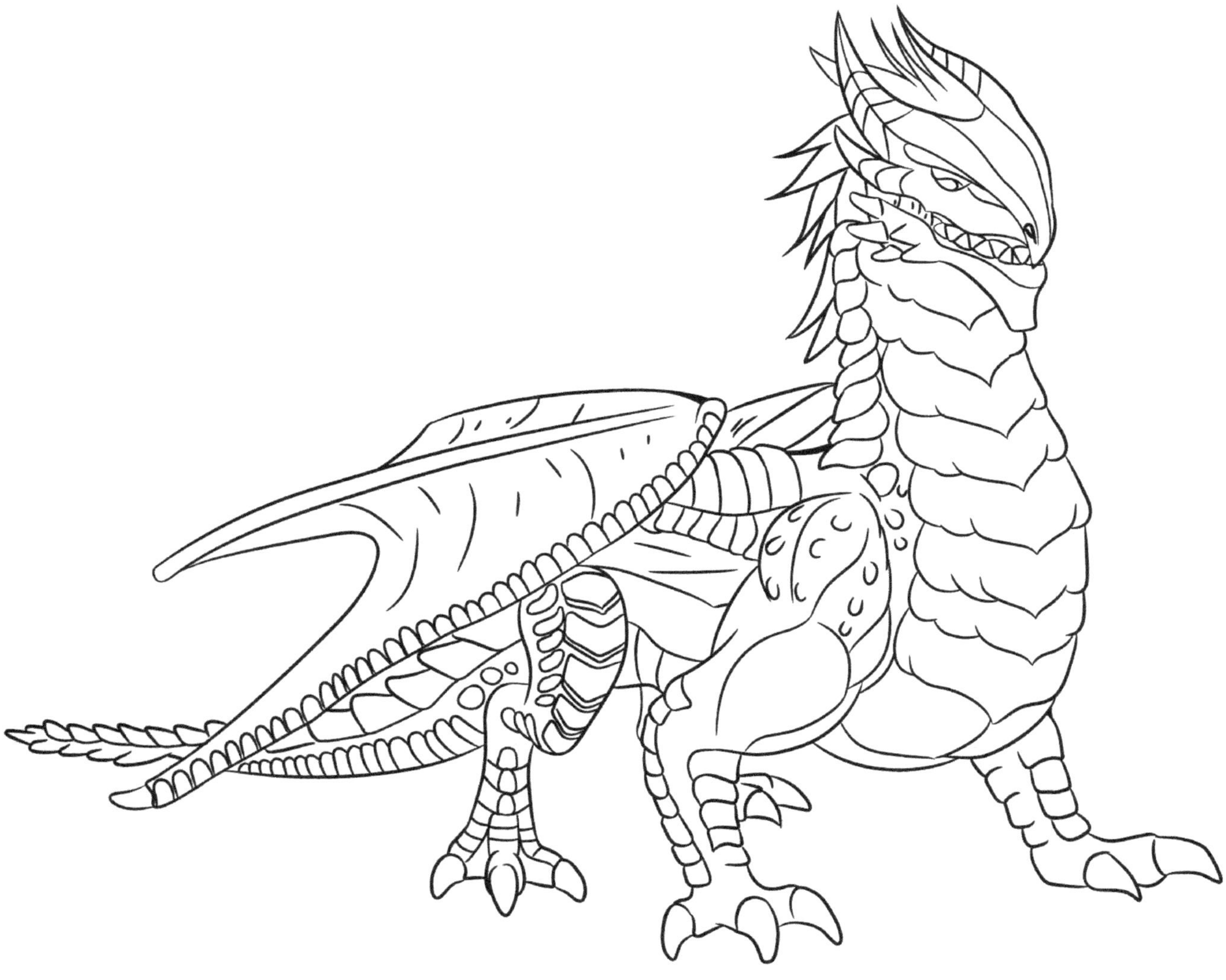

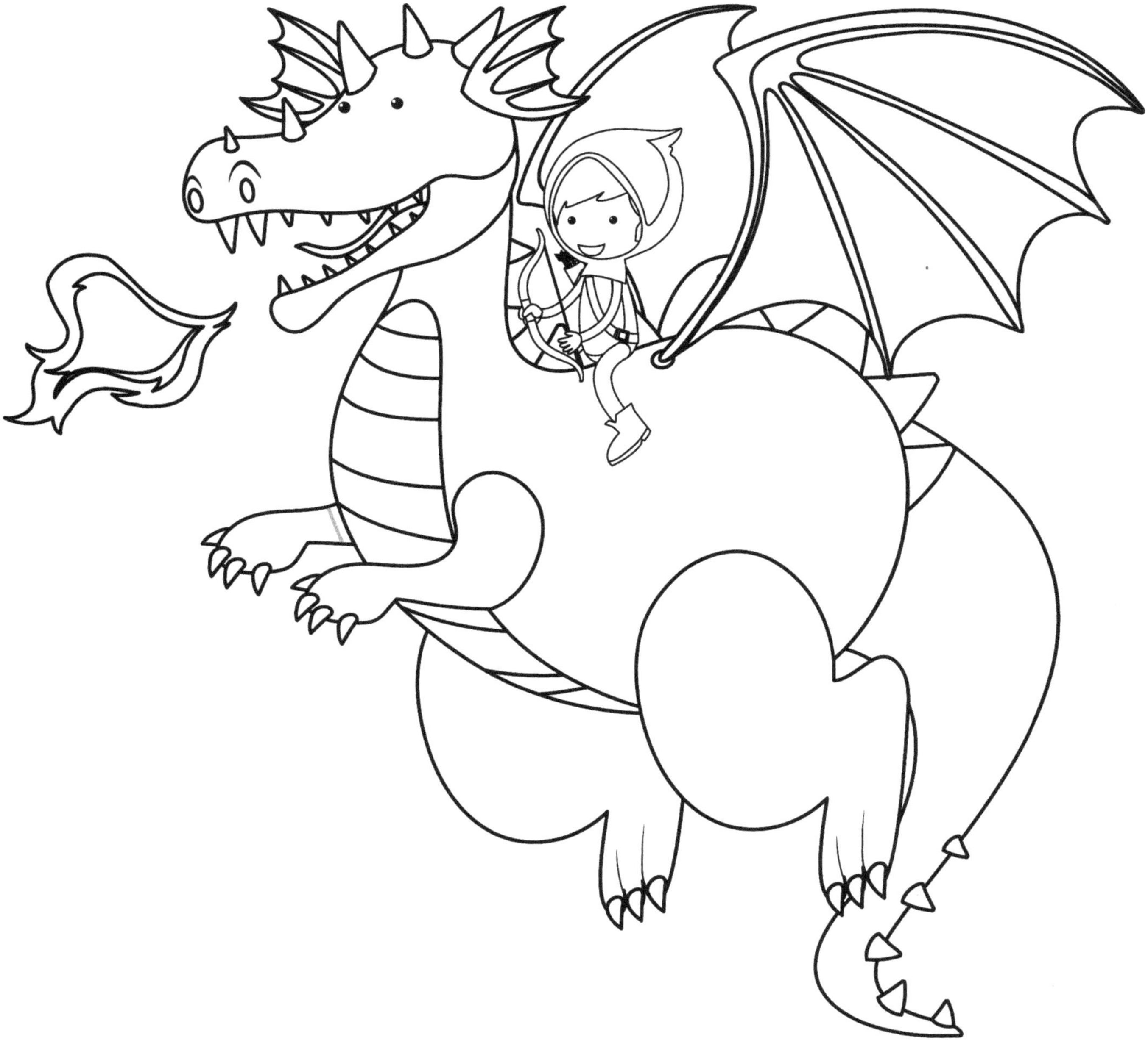

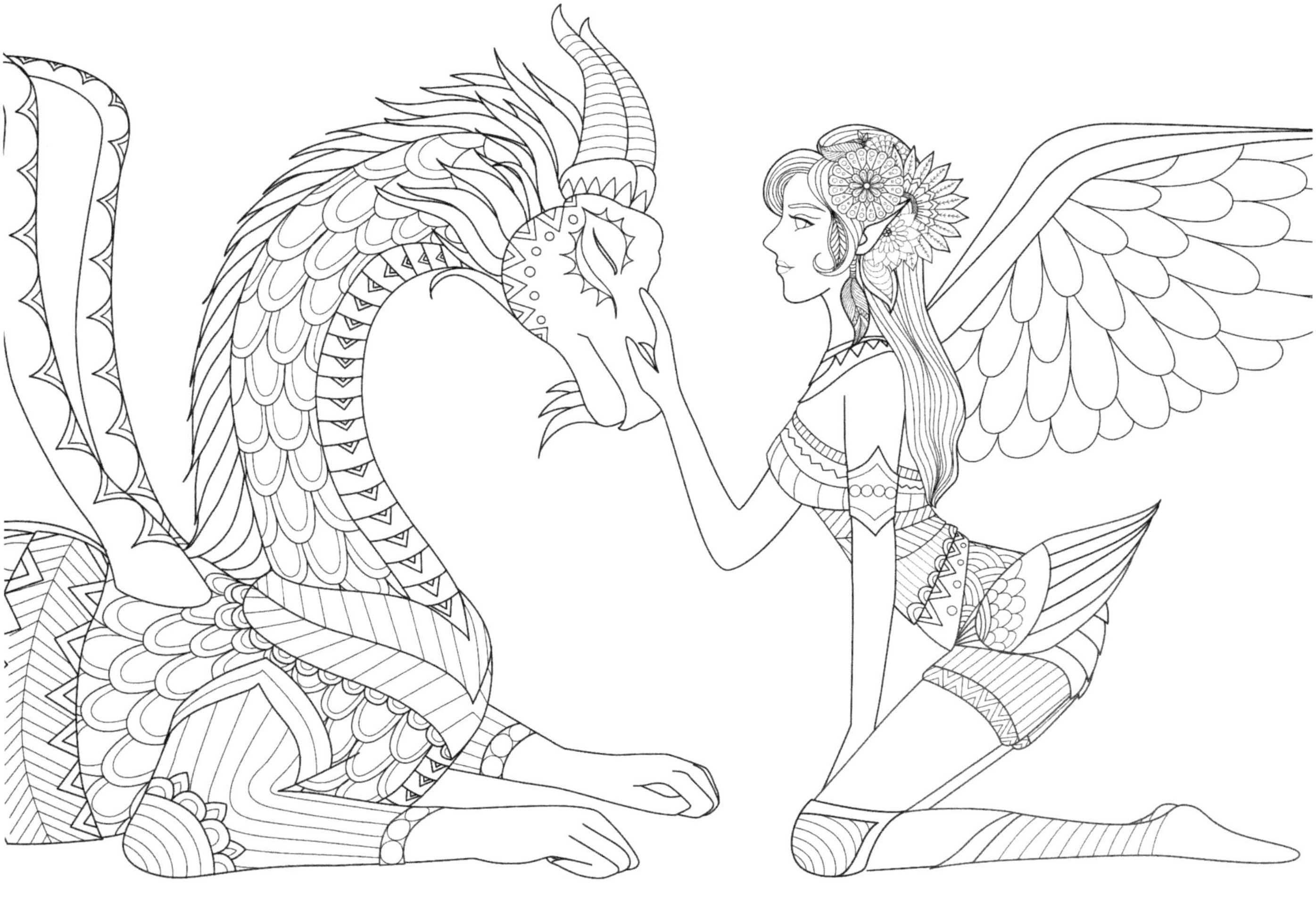

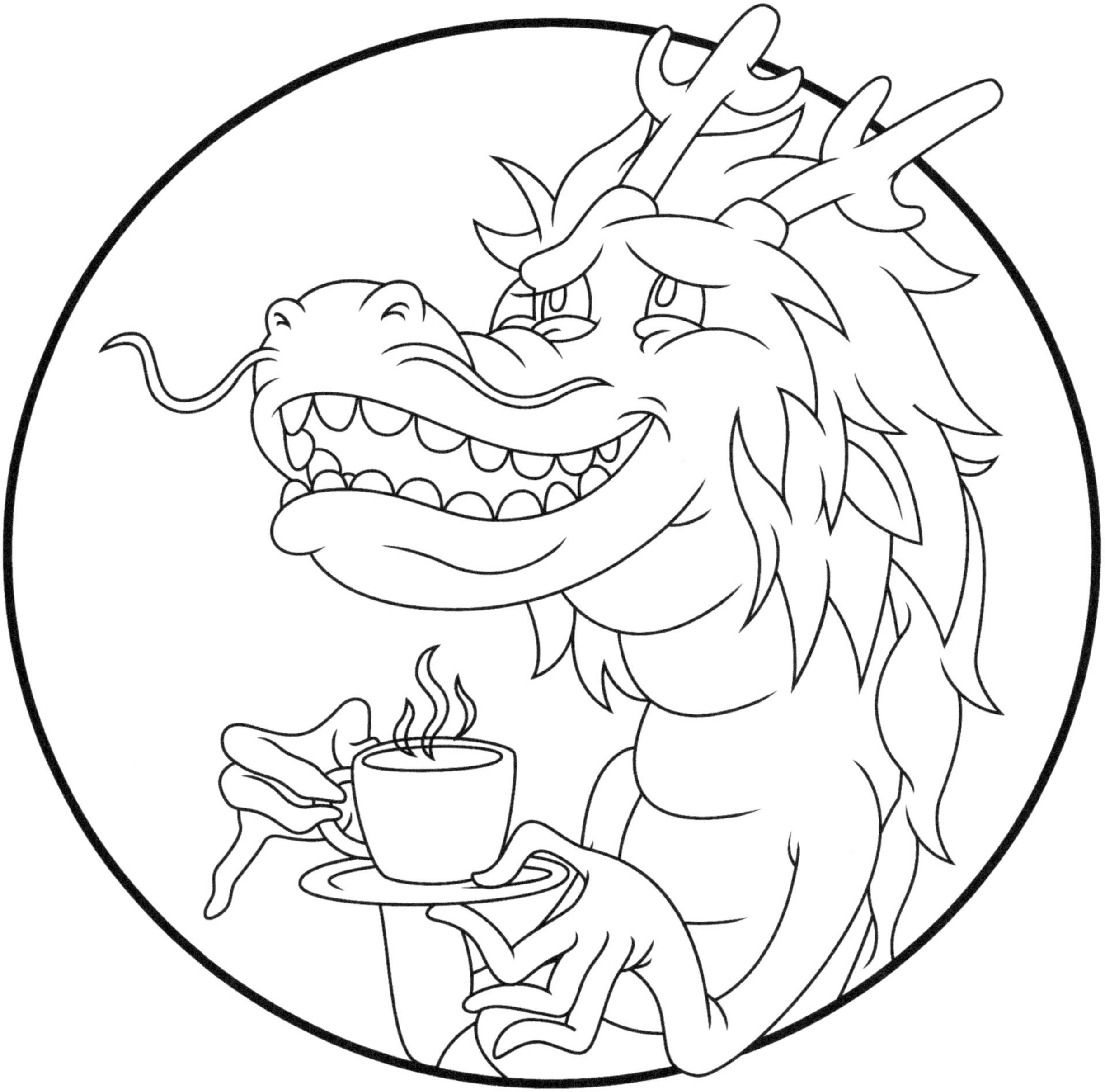

CPSIA information can be obtained
at www.ICGtesting.com
Printed in the USA
BVHW021231110423
662129BV00008B/598

9 798211 390294